# 일상의
# 언어로
# 세상을
# 읽다

이상기

지음

박영story

# 서문

어느 학문이나 나름의 매력이 있겠으나, 언어에 관심을 가지고 공부하는 과정 역시 즐거운 일이 아닐 수 없습니다.

언어는 인간을 인간답게 하는 여러 중요한 특징들 중의 하나여서, 모든 인간은 예외 없이 언어를 구사할 수 있습니다. "언어적 인간(Homo Loquens)"이라는 말은 인간과 언어 간의 이러한 불가분의 관계를 잘 포착합니다.

언어가 인간 존재의 필연적 조건이라는 사실은 언어에 관심을 두고 공부하는 사람들에게 중요한 함의를 가집니다. 그의 본연의 과업은 마땅히 인간에 대한 관심에 바탕을 둡니다. 언어를 살피고 분석하는 일은 결국 인간애를 기반으로 한다는 말입니다. 주변 사람들과 더불어 살아가며, 그들이 하는 이야기에 귀를 기울일 줄 알아야 합니다. 더 잘 들을수록 더욱 좋은 공부를 할 수 있습니다.

잘 듣는 것이 기본이다 보니 언어에 대한 탐구는 별다른 장비를 필요로 하지 않습니다. 특별한 시약이나 현미경, 그 흔한 컴퓨터 따위도 사실상 필요가 없습니다. 잘 들을 수 있는 양쪽 귀만 온전하다면 충분합니다. 그런데 인간인 이상 대개의 경우 이 사람과 저 사람 간의 청력에 현격한 차이가 있을 리 없습니다. 따라서 결국 상대방의 말에 귀를 기울이고자 하는 마음가짐에 성패가 달리게 됩니다. 타인에게 마음을 열고 그를 이해하고자 하는 적극적인 마음 자세가 중요한 법입니다.

이렇게 서문을 열고나니 제가 대단한 언어학자라도 되는 양 보이게 될까봐 마음이 쓰입니다. 엄밀히 말하자면 저는 제2언어습득 내지는 영어교육을 공부하는 사람입니다. 간혹 응용언어학을 공부하는 사람이라고 조금 더 넓혀 제 자신을 소개하기도 합니다. 정통 언어학이란 말이 적절한 표현일지는 모르겠으나, 제가 하는 공부는 그와는 다소 거리가 있습니다. 그래서 저를 언어에 대하여 조금은 더 말랑말랑한 시각에서 접근을 하는 사람이라고 보아주시면 틀림이 없겠습니다. 이 책에 담긴 내용들은 그렇듯 다소 가벼운 입장에서, 어쩌면 시시콜콜할 수 있는 언어와 관련한 여러 가지 생각들입니다.

우리가 사용하는 말에는 세상에 대한 우리의 이해가 담겨 있습니다. 그리고 그 이해의 실제는 우리가 세상을 어떻게 살아가고 있느냐에 따라 달라지기 마련입니다. 거꾸로 말하자면, 일상을 살아가며 겪는 수많은 경험은 세상에 대한 우리의 이해를 구성하게 되고, 그 내용을 고스란히 반영하는 것이 우리가 사용하는 말이 됩니다.

이 책에서 풀어내고자 하는 바는 우리가 흔히 사용하는 말이 가지고 있는 의미입니다. 우리가 세상을 이해하는 방식이 어떠하기에 그와 같은 말을 사용하게 되었는지, 어떠한 경험을 하였기에 세상에 대한 이해가 그와 같은 모습으로 자리 잡히게 되었는지를 곰곰이 살펴보고자 합니다.

이 책에 담긴 내용들의 대부분은 꽤 오랜 시간에 걸쳐 제가 직접 언어 생활 속에서 발견해 낸 것들입니다. 너무 흔한 나머지 전혀 의식하지 못했던 말들의 숨은 의미를 생각해 보는 것이 저로서는 참으로 즐거운 경험이었습니다. 이 책을 통해 독자께서도 그와 같은 즐거움을 찾아 나서

시게 된다면 필자로서는 더할 나위 없이 행복한 일이겠습니다.

이 책을 준비하는 과정에 많은 분들의 도움이 있었습니다. 저와 함께 공부하고 있는 박사 과정의 대학원 선생님들이 제 이야기 하나하나에 대해 댓글을 통해 저마다의 생각을 공유해 주셨습니다. 김현정, 박현민, 성민주, 이옥희, 전자영, 정은정, 조혜숙 선생님 감사합니다. 또한 부족한 원고를 잘 다듬어 세상의 빛을 보게 해주신 김윤정 님과 피와이메이트에 심심한 감사의 말씀을 드려야 옳겠습니다. 마지막으로 그 누구보다도 제 이야기에 열심히 귀를 기울여준 승형, 연서, 그리고 아내에게 고마운 마음을 전합니다.

# 이 책의 활용법

총 50개의 서로 독립적인 꼭지로 책의 내용이 구성되어 있습니다. 정해진 순서 없이 손 가는 대로 뒤죽박죽 읽으셔도 좋겠습니다. 저 역시 여기 제시된 순서대로 글을 쓰지는 않았습니다. 다만 하루 만에 다 읽고 치워버리는 책으로 생각하지는 않았습니다. 조금은 긴 호흡으로 보아주시면 고맙겠습니다. 제 글에 공감하시면서 비슷한 또 다른 사례가 있는지 생각해 보는 시간을 가져보시면 어떨까 합니다.

# 차 례

## 6 장     사투리

## 7 장     흥미로운 언어 사용의 다양한 실제들

## 8 장 　　　　　　　　　　　　　　 이삭줍기

# 배경 지식, 상식,
# 경험 & 언어 해석

우리가 사용하는 말은 생각보다 정확하지 못한 측면들이 많다. 그런데 그렇듯 모호한 말에 대하여 우리는 대개 어렵지 않게 찰떡같은 해석을 내놓곤 한다. 우리가 가진 배경 지식, 상식, 세상에 대한 경험이 언어에 대한 해석에 긍정적으로 작용한 덕분으로, 우리로 하여금 무질서를 극복하고 즉각적이고도 원활한 의사소통을 가능하게 한다는 측면에서 큰 축복이라고 할 수 있다. 다만 우리가 내놓는 해석이 언제나 옳은 것만은 아니라는 점을 간과해서는 곤란하다. 배경 지식, 상식, 세상에 대한 경험으로 말미암아 오역에 이르는 경우도 다반사이다.

# 우리가 경험하는 세상은
# 과연 진실한가?

*1*

우리말 속담 중에 "개 눈에는 똥만 보인다."는 말이 있다. 우리가 세상을 이해하는 방식이 편협할 수 있음을 지적하는 표현이다. 인간 경험은 대단히 보편적인 것이어서 영어에서도 비슷한 의미를 전달하는 속담을 쉽게 찾아볼 수 있다. "All looks yellow to the jaundiced eye." 즉 황달(jaundice) 걸린 눈에 보이는 세상은 온통 노란색이라는 속담이 그러하다. 손에 쥔 것이 망치뿐이면 세상 모든 것이 망치질의 대상인 못으로 보이기 마련이라는 의미의 "If all you have is a hammer, everything looks like a nail."도 동일한 메시지를 전달한다. 우리가 보는 세상이 진실하지 않을 수 있음을 경계해야 할 것이라는 말로 나는 그 뜻을 이해한다.

일상의 언어생활에서도 우리는 수없이 많은 착각을 겪는다. 상대방의 말뜻을 온전히 이해하지 못한 나머지 오해가 빚어지는 사례가 부지기수다. 고등학교 시절 그 시발점이 정확히 무엇이었는지는 기억에 없으나, "침묵 속의 공감"이란 말이 허상에 지나지 않을 것이라고 일찍이 생각하였다. 그래서 당시 사용하던 노트의 곳곳에 그렇게 적어두고 다녔다. 상대와 소통하기 위해서는 침묵을 깨고 입을 열어야 할 것이라는 믿음이었다. 그런데 언어에 대해 관심을 가지고 살아가고 있는 지금에 와서는 그러한 생각조차도 변화를 겪게 되었다. 소통을 위해 사용하는 언어 자체도 투명하지 않을 수 있다는 사실을 깨닫게 된 것이다.

언어를 통한 경험에서 우리는 보고 싶은 세상만을 본다. 또한 기억하고 싶은 것만을 기억한다. 대화에서 상대방의 의도를 제대로 파악하지 못하는 경우가 다반사라 하였는데, 그 이유는 내가 내뜻대로 상대방의 말을 이해하기 때문이다.

A: 당신의 말은 이러이러한 뜻이 아니었소? 나는 그렇게 이해했는데, 어찌
   이제 와서 다른 말을 한다는 말이오?
B: 아니 제가 언제 그런 뜻으로 말하였던가요? 왜 제 뜻을 어찌 그리 멋대
   로 곡해하셨는가요?

A든 B든 각자의 억울함에 대해 제아무리 토로해 보아도 결코 시시
비비를 가릴 수가 없다. 애당초 악의를 가지지 않았다는 전제 하에 A
와 B, 두 사람 모두가 옳기 때문이다. A 혹은 B가 아닌 불완전한 언어
가 오롯이 책임을 져야 하는 일이라고 나는 생각한다.

언어를 통한 경험의 과정에서 우리는 우리가 기억하고 싶은 것만을
기억할 뿐이라는 사실이 심리언어학 분야에서의 많은 실증 연구들을
통해 입증되어 왔다.

일례로 Read와 Rossen(1981)은 원자력에 대한 찬반의 입장이 분명히
다른 두 집단의 사람들로 하여금 원자력 발전소에서 발생한 화재 사건
을 다루는 글을 읽게끔 하였다. 텍스트에 대한 단기 이해 측면에서는
두 집단 간에 별다른 차이가 없었다. 그러나 1~2주가 지난 시점에서
심각한 기억의 왜곡이 일어나고 있음이 발견되었다. 연구 참여자들이
원자력에 대한 본래의 입장에 부합하는 방향으로 텍스트의 내용을 곡
해하여 기억하고 있었던 것이다.

장기 기억(long-term memory)은 그만큼 불완전하다. 장기 기억의 특징을 묘
사하기 위해 동원되는 대표적인 형용사 두 가지가 "abstract", "episodic"이
다. 장기 기억이 추상적이고 일화적인 특징을 가진다는 말이다.

단기 기억(short-term memory)은 상대적으로 구체적이다. 그에 비해
장기 기억은 경험의 실제 시점과 시차를 두고 있기에 추상적일 수밖에

없다. 그 시차가 원인이 되어 경험의 전체가 기억에 온전히 저장되지 못한다. 마치 모자이크 쪼가리와도 같이 분절된 기억만이 남겨질 뿐이어서 장기 기억은 일화적인 특징을 보인다.

덧붙여, 보고 싶은 것만을 보게 되는 우리의 성향을 잘 드러내는 예시로 널리 인용되곤 하는 심리언어학 분야에서의 연구 둘을 소개한다. 모두 읽기 이해와 관련된다. 즉, 텍스트를 매개로 하는 상호작용에서 빚어지는 이해의 불완전성을 드러내는 사례들이라 하겠다.

다음의 글을 천천히 읽고 무엇에 관한 내용인지 생각해보자.

> Rocky slowly got up from the mat, planning his escape. He hesitated a moment and thought. Things were not going well. What bothered him most was being held, especially since the charge against him had been weak. He considered his present situation. The lock that held him was strong but he thought he could break it. He knew, however, that his timing would have to be perfect. Rocky was aware that it was because of his early roughness that he had been penalized so severely - much too severely from his point of view. The situation was becoming frustrating: the pressure had been grinding on him for too long. He was being ridden unmercifully. Rocky was getting angry now. He felt he was ready to make his move. He knew that his success or failure would depend on what he did in the next few seconds. (Anderson, Reynolds, Schallert, & Goetz, 1977)

다음으로 역시 잘 알려진 지문 하나를 아래에 제시한다. 역시 찬찬히 읽고 무엇에 관한 내용인지 생각해 보자. 앞선 글은 영어로 읽어야만 하는 측면이 있기에 굳이 번역문을 함께 제시하지 않았다. 그에 비해 아래 글에 대해서는 다소 투박하지만 번역을 해두었으니 번역된 내용을 읽어도 좋다.

The procedure is actually quite simple. First you arrange items into different groups. Of course one pile may be sufficient depending on how much there is to do. If you have to go somewhere else due to lack of facilities that is the next step; otherwise, you are pretty well set. It is important not to overdo things. That is, it is better to do too few things at once than too many. In the short run this may not seem important but complications can easily arise. A mistake can be expensive as well. At first the whole procedure will seem complicated. Soon, however, it will become just another facet of life. It is difficult to foresee any end to the necessity for this task in the immediate future, but then, one never can tell. After the procedure is completed, one arranges the materials into different groups again. Then they can be put into their appropriate places. Eventually they will be used once more and the whole cycle will then have to be repeated. However, that is part of life. (Bransford & Johnson, 1972)

그 절차는 사실 꽤 간단하다. 먼저 물건들을 서로 다른 그룹으로 정리한다. 물론 해야 할 일이 얼마나 많은지에 따라 한 무더기면 충분할 수도 있다. 설비가 부족해서 다른 곳으로 가야 할 수도 있고, 그렇다면 그것은 다음 단계가 된다. 그렇지 않다면 모든 준비가 끝난 셈이다. 너무 많은 것을 하지 않으려는 것이 중요하다. 즉, 한꺼번에 너무 적은 것을 하는 것이 너무 많은 것을 하는 것보다 낫다. 단기적으로는 이것이 중요해 보이지 않을 수 있지만 복잡한 상황은 쉽게 벌어진다. 실수는 또한 많은 비용을 초래할 수 있다. 처음에는 모든 절차가 복잡해 보일 것이다. 하지만 곧 그것은 삶의 또 다른 측면이 될 것이다. 가까운 장래에 이 과업의 필요성에 종지부를 찍게 될 것인지 예측하기는 어렵지만, 그때도 아무도 알 수 없을 것이다. 절차가 완료되면 재료들을 서로 다른 그룹으로 다시 정리한다. 그런 다음 그것들을 적절한 장소에 둔다. 결국 그것들은 한 번 더 사용될 것이고, 그 후 전체 사이클을 반복해야 할 것이다. 하지만 그것은 삶의 일부이다.

애초 연구자들은 전자의 지문을 영어를 모국어로 사용하는 대학생들에게 읽혔다. 연구에 참여한 대학생들은 체육을 전공하는 학생들과 체육 외의 다른 학문을 전공하는 학생들의 두 집단으로 구분되었다. 그 결과는 놀라운 것이었다. 체육 전공생들은 레슬링 경기 중 수세에 몰려 있는 Rocky를 묘사하는 내용으로 글을 읽었음에 비해, 여타의 학문을 전공하는 학생들은 감옥에서 탈옥을 꿈꾸는 Rocky의 이야기로 텍스트의 내용을 이해하고 있었다.

후자의 지문을 나는 그간 여러 강의를 통해 학생들에게 제시해 보았다. 사실 지금까지 그 어떤 학생도 자신 있는 모습으로 텍스트의 내용에 대해 명쾌한 해설을 내놓지는 못하였다. 대다수의 학생들이 무슨 말인지 전혀 모르겠다는 반응만을 보였을 뿐. 그와 같은 상황이 되면 나는 학생들로 하여금 텍스트를 한 번 더 읽어 보도록 기회를 준다. 다만, 본래의 연구에서 그러하였듯, 이번엔 텍스트의 제목을 *Washing Clothes(빨래)*와 같이 제시한 후 읽기 과업을 수행하게끔 한다. 놀랍게도 이 짤막한 제목은 텍스트에 대한 이해를 완벽히 다른 것으로 (또한 분명한 것으로) 만들어 낸다. 제목이 텍스트를 이해하는 과정에 있어 충실한 안내자와도 같은 역할을 하게 되는 것이다. 우리가 가진 경험과 기대 따위에 의해 세상에 대한 우리의 이해가 좌지우지되듯, 제목은 텍스트에 대한 이해의 방향을 송두리째 뒤흔든다. 텍스트를 매개로 하는 우리의 이해가 그만큼 불완전할 수 있음을 입증하는 장면이다.

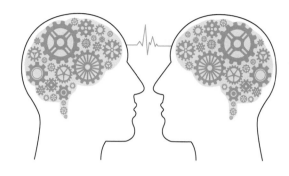

세상을 무탈하게
살아내고자 하는
가? 그렇다면 내가
보는 세상이 왜곡
되어 있을 수 있으
며 상대방과의 언
어를 통한 소통에
서는 언제나 오해가 빚어질 수 있으리라는 평범하지만 중요한 사실을
결코 잊지 말아야 할 일이다.

우리는 스스로가 만든 불완전한 눈을 통해 세상을 바라보고 타인과 소통하는 불완전한 존재이기에, 타인에 대한 오해를 이해로 착각하기도 하고 여러 드라마틱한 에피소드를 만들어내기도 하는 것 같아요.

"Understanding is not common in human interaction. Misunderstanding is the norm(이해는 인간의 상호작용에 있어 흔하지 않다. 오해가 기본이다)."이라는 말이 떠오릅니다. 어떤 말로도 표현할 수 없는 심정이 있고 말하지 않아도 마음을 알 수 있는 순간도 있는 것 같습니다.

우리가 사는 세상이 과연 진실한 것인지 모르겠습니다. 인간적 결함 때문에 그렇다면 어쩔 수 없는 일이고, 일부러 거짓을 만들어내는 것은 아니었으면 좋겠습니다. 부족한 사람들이 서로 도우며 사는 게 삶이라 생각하거든요.

평생을 하나의 신문만을 구독하여 온 분과 긴 대화를 나눈 적이 있는데, 그와 저는 서로 아예 다른 세상에 살고 있더라고요. 나의 언어들은 내가 보는 세상, 내가 경험한 것, 그로부터 내가 해석한 것이기 때문에 이것이 결코 절대적일 수 없다는 경계심을 반드시 가져야 할 것 같습니다.

의견들 감사합니다. 오해가 자연스러울 수 있다는 사실을 잘 알면서도, 내가 상대를 오해할 수 있음을 받아들이기가 쉽지 않은 순간을 빈번히 만나고, 상대에게 나의 뜻이 오해가 되는 것 같아 억울해 못살겠다 싶은 경우도 자주 겪습니다. 참으로 아이러니가 아닐 수 없습니다.

# 기능 재부

**2**

"이밖에도 지역 미용단체와 대학생 자원봉사단이 참가해 두피 마사지,
네일 아트, 부채 공예 등 다양한 기능 재부 행사도 함께 진행된다."

"이번 직업체험축제는 전문가들의 기능 재부와 기업의 참여로 작년보다
5개 많은 총 18개의 직업체험 부스가 운영된다."

이는 인터넷 검색을 통해 찾아본 최근의 뉴스 기사들이다. 어딘가
좀 이상한 말을 담고 있기에 인용하여 왔다.
어디가 이상하다는 것인지 찾았는가?

이상하다는 것은 "기능 재부"를 두고
하는 말이다. "기능 재부"는 세상에 존재
하지 않는 말이다. 정확하게는 "재능 기
부"가 맞는 말이고, 기자는 그렇게 말을
하고 싶었을 것이다. 흥미로운 사실로, 대
개의 경우 이렇듯 뒤죽박죽 엉터리 말에
대해 의식하는 것 자체가 쉽지 않다.[*]

다음은 2000년도 초반 한동안 유행
했던 내용이다.

"캠릿브지 대학의 연결구과에 따르면, 한 단어 안에서 글자가 어떤
순서로 배되열어 있지는 중하요지 않고, 첫 번째와 마지막 글자가 올
바른 위치에 있는 것이 중하다요고 한다. 나머지 글들자은 완전히 엉
진망창의 순서로 되어 있라을지도 당신은 아무 문제 없이 이것을 읽을
수 있다. 왜하냐면, 인간의 두뇌는 모든 글자를 하하나나 읽는 것이 아
니라 단어 하나를 전체로 인하식기 때이문다."

이것의 영어 원전이라 알려진 것은 또한 다음과 같다.

"Aoccdrnig to a rseearch taem at Cmabrigde Uinervtisy, it deosn't mttaer

---

in waht oredr the ltteers in a wrod are, the olny iprmoatnt tihng is taht the frist and lsat ltteer be in the rghit pclae. The rset can be a taotl mses and you can sitll raed it wouthit a porbelm. Tihs is bcuseae the huamn mnid deos not raed ervey lteter by istlef, but the wrod as a wlohe."

말장난처럼 보이는 이 같은 내용이 의미하는 바는 인간이 언어를 글자 단위가 아니라 좀 더 큰 덩어리 단위(주로 단어 단위)로 인식하게 된다는 사실이다.

나로서는 수도 없이 검토하고 또 검토하였음도 눈에 들어오지 않던 철자 오류를 다른 사람은 한눈에 발견하고 마는 경우를 경험한 적이 있을 것이다. 내가 쓴 글은 나에게 그만큼 친숙한 대상이어서 그에 대한 처리 단위가 더욱 크게 나타나기 마련이다. 중요한 글일수록 반드시 여러 사람에게 읽혀야 하는 분명한 이유가 있다.

한편, 관련된 언어 현상으로 두음전환이 있다. 두 단어의 초성을 상호 교차하여 사용하는 사례를 말하는데, "경맥 동화"와 같은 것이 그 예다.

두음전환을 영어로는 스푸너리즘(Spoonerism)이라 이른다. 옥스퍼드 대학 New College의 학장을 역임한 Dr. Spooner(1844-1930)의 이름을 딴 말인데, 그는 뒤죽박죽 말을 섞는 실수가 잦은 인물이었다. 다음은 그가 남긴 것으로 전해지는 예시들이다.

*"It is kisstomary to cuss the bride"* (... customary to kiss the bride)
*"I am tired of addressing beery wenches"* (... weary benches)

어떠한가, 우리의 무의식 영역에서의 언어 사용의 저모이모에 대한 탐색이 참로으 흥미롭지 아니한가!

오랜만에 들어는왔데 새 글이 올라왔군요. 늦은 밤에 혼자 웃음 참면으서 읽었니슶다. 하하하!

 "기능 재부"를 읽으면서 뭐가 이상하지? 하며 다시 읽었네요. 예전에 에어비엔비 숙소 평에, 뒤죽박죽 한국어로 솔직하게 남긴 코멘트가 떠오릅니다. 번기역를 돌려도 주은인 모지르만 한어국를 아는시 본은 오지 시말라는.

단어들이 위장술을 부리는 것 같습니다. 재능 기부도 기능 재부도 어쩌면 우리와 더불어 살아가야 하는 존재들인데, 천덕꾸러기로 여겨지는 하나가 보다 더 예쁨을 받는 다른 하나에 의해 밀려 나게 될까 봐 몸을 잔뜩 웅크리고 우리 곁에 꼭 붙어 함께 살아가고자 하는 모습으로 비칩니다.

# 알파벳 "e" 찾기

**3**

내가 가장 좋아하는 영문학 작품 중의 하나가 H. D. Thoreau의 *Walden*이다. "작품"이라 애매하게 표현한 것은 그것이 허구인지 허구가 아닌 사실인지 모호하기 때문이다. Thoreau는 그의 스승 Emerson이 주창한 초절주의 사상을 실천하기 위해 도끼 한 자루를 둘러매고 Walden이란 이름의 호숫가로 들어가 2년 2개월 2일의 기간 동안 단순한 삶(simple life)을 살았다. 그러한 그의 삶이 1년의 시간으로 압축되어 탄생한 작품이 *Walden*이다.

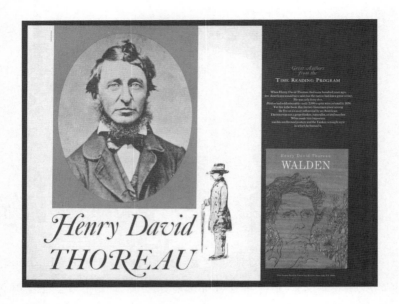

다음은 *Walden*의 중간 한 부분과 그것을 우리말로 변역해 본 내용이다.

I went to the woods because I wished to live deliberately, to front only the essential facts of life, and see if I could not learn what it had to teach, and not, when I came to die, discover that I had not lived. I did not wish to live what was not life, living is so dear; nor did I wish to practise resignation, unless it was quite necessary. I wanted to live deep and suck out all the marrow of life, to live so sturdily and Spartan-like as to put to rout all that was not life, to cut a broad swath and shave close, to drive life into a corner, and reduce it to its lowest terms, and, if it proved to be mean, why then to get the whole and genuine meanness of it, and publish its meanness to the world; or if it were sublime, to know it by experience, and be able to give a true account of it in my next excursion. ...

(내가 숲에 간 것은 삶을 진중하게 살고 싶었기 때문이며, 삶의 본질적인 면들만을 마주하여 삶이 가르쳐야 할 바를 내가 과연 배우지 못했는지를 알아보기 위해서였으며, 그리고 죽을 때가 되었을 때 그렇게 살지 않았음을 후회하지 않기 위해서였다. 나는 삶이 아닌 삶을 살고 싶지 않았다. 사는 것은 너무나도 고귀한 것이니. 또한 나는 꼭 필요하지 않다면 체념하고 싶지도 않았다. 나는 깊이 있게 살면서 인생의 모든 골수를 빨아들이고 싶었다. 억세고도 용맹하게 살아 삶이 아닌 모든 것을 무너뜨리고, 수풀을 잘라내고 잡초를 베고, 삶을 궁지에 몰아가, 가장 낮은 조건으로 그것을 축소하여, 그래서 그것이 하찮은 것으로 드러난다면 삶이 진정으로 덧없음을 깨닫고 그것을 세상에 공표하고 싶었다. 만약 그것이 숭고하다면, 그것을 경험을 통해 깨달아 나의 다음 여행이 더욱 훌륭한 것이 되기를 바랐다. …)

이제 옮겨온 부분 중 첫 번째 문장을 바탕으로 흥미로운 실험을 해 보자. 아주 간단한 실험이어서, 글을 가능한 빨리 읽으며 알파벳 "e"가 몇 개 등장하는지를 세어보면 된다. 편의를 위해 해당 문장을 아래에 다시 제시하였다. 자, 다음 문장에서 "e"는 총 몇 차례나 등장하는가?

*I went to the woods because I wished to live deliberately, to front only the essential facts of life, and see if I could not learn what it had to teach, and not, when I came to die, discover that I had not lived.*

정답은 22회이다.

만일 여러분이 정답을 맞히지 못했다면 그 이유는 무엇일까? 아마도 열의 아홉의 경우, 두 차례에 걸쳐 등장하는 정관사 the에서의 "e"를 미처 눈치 채지 못했을 것이다.

중국어는 상대적으로 의미 중심의 글쓰기 체계를 갖추고 있다. 그에 비해 영어의 글쓰기 체계는 상대적으로 소리 중심이라고 할 수 있다. "상대적이다"라고 전제하여 말하는 이유는 전적으로 의미 중심의 체계에, 혹은 전적으로 소리 중심의 체계에 일방적으로 의존하는 언어란 존재하지 않기 때문이다. 영어의 경우를 예로 들어 말하자면 개별 문자들이 가지는 소리 값이 중요하여 단어들의 표기에 있어 소리 중심의 경로를 따르게 되는 것이 더욱 일반적이라고 말할 수는 있겠으나, 모든 단어들이 그러한 것은 아니어서 사용 빈도가 높은 기능어들(function words)의 경우에는 의미 중심의 경로를 취하여 전체가 하나의 덩어리로 인식되거나 활용되곤 한다. 알파벳 "e" 찾기 과업에서 유독 the에서의 실수가 잦은 이유는 the가 의미 중심의 체계 속에서 처리되기 때문이다.

특히 영어 원어민 화자들의 대부분은 전체 단어 "the"를 볼 뿐, 그 안의 "e"를 보지 못하는 것으로 알려져 있다. 이 글을 읽는 독자는 아마 영어를 모국어로 사용하지 않는 사람들일 것이다. 흥미로운 점은 영어를 모국어로 사용하지 않는 여러분이 영어를 모국어로 사용하는 원어민 화자들에 비해 알파벳 "e" 찾기 과업에서 정답에 더욱 근접하게 될 것이라는 사실이다. 영어 비원어민 화자로서 원어민 화자에 비해 보다 더 잘할 수 있는 영역이 그다지 많지 않을 텐데, 그 중의 하나가 바로 알파벳 "e" 찾기 과업인 것이다.

물론 이것이 그렇게 반가운 소식만은 아니다. 영어 비원어민 화자

들의 경우 영어라는 언어에 대해 어쩌면 과도한 수준의 분석적 태도를
취하고 있다는 점을 방증하는 대목이 될 수도 있으니까.

출처: File:Thoreaus quote near his cabin site, Walden Pond.jpg – Wikimedia Commons

이번 학기 어느 문학 수업에서 *Walden*을 읽었습니다. 솔직히 무척 어렵더라고요. 그 와중에 제일 멋있다고 생각한 구절이 여기 나와 있네요!

삶의 절제를 이야기하는 글로 저는 읽히네요. 저도 e를 찾으면서 아마 원어민보다 제가 더 잘 찾을 것이라고 생각했습니다. 저는 the의 e는 다 찾았는데, 마지막 순간, 주의 집중의 문제로 lived의 e를 빠뜨려 21개를 찾았습니다.

저도 제가 헤아린 수가 정확한 것인지 자신이 없어 몇 번을 확인해야 했습니다. 처음에 센 수와 두 번째로 센 수가 다르니 착시처럼 신기하기도 하였습니다. 의심이 좋은 것이라고 말하기는 어렵겠지만, 의심 없이 마냥 받아들이기엔 세상에 못 믿을 구석이 너무나도 많은 듯 합니다. 뻔하여 한치의 의심의 여지가 없는 것이 과연 세상에 존재하기는 하는 것일까요?

# 2 장

# 언어의 상징적 사용

추상적인 개념이나 사물을 나타내는 구체적인 말소리나 글자에 대해 우리는 상징적(symbolic)이라고 말한다. 한편, "상징적"이라는 뜻을 의미하는 영어 표현으로 "iconic"도 있다. iconic은 "icon(우상, 아이콘)"이란 말의 형용사 표현인데, 컴퓨터 화면의 아이콘이 그것과 관련된 기능을 형상화하는 것을 생각해 보면 그 말 뜻의 이해가 쉽다. 대표적인 예로, 바탕화면에 있는 휴지통 아이콘은 우리가 흔히 사용하는 휴지통을 상징화한 것이다. 아이콘, 즉 상징을 활용하는 것은 그것이 가지는 명징성 때문이다. 말로 풀어 설명하는 것보다 직관적이어서 이해가 쉽고, 임팩트가 강하다. 우리는 의도적으로 상징적 표현을 골라 쓰기도 하지만, 사실 많은 경우에 있어 상징적 표현의 사용은 우리의 의식 밖의 일이다. 그래서 우리가 사용하는 말들 중 미처 의식하지 못한 채 사용하는 상징적 표현들을 찾아보는 일이 재미가 있다. 한편, 아무렇게나 말한다고 하여 그것이 상징적 표현이 되지는 못한다. 충분히 동기화된 것이었을 때 상징적 표현은 의사소통 맥락에서 비로소 의미를 가진다. 참고로, 외국어를 배우는 과정에서 상징적 표현의 습득은 상급 수준에 이르러서야 가능하다. 그래서 맥락에 맞게 상징적 표현을 사용하는 정도를 바탕으로 학습자의 성취 수준을 가늠해 볼 수도 있다.

# 아기오리, 연못에 풍덩

*4*

언어의 속성을 논할 때 약방의 감초마냥 등장하는 말이 "자의성 (arbitrariness)"이다. 언어의 양 측면인 형태와 의미 사이에 필연적 관계가 성립하지 않기에, 예를 들어 말하자면, 사과(의미)를 왜 사과(형태)라고 부르게 되는지와 관련하여 그 근본적인 이유를 찾기가 곤란하다는 뜻이다.

언어는 분명 상당 부분 자의적인 측면이 있겠으나, 우리가 사용하는 언어 표현의 모두가 그처럼 자의적인 것만은 아니다. 예를 들면, "빵빵!"과 같은 말은 자동차의 경적 소리를 흉내 낸 표현으로서, 소리 형태와 그 의미 간의 관계가 상대적으로 긴밀하다. 영어의 "buzz"도 마찬가지여서 그것이 벌의 윙윙거리는 소리를 나타내는 표현임을 알게 되었을 때 절로 고개가 끄덕여진다. 또 다른 예로, 영어 화자들은(그리고 웬만한 영어 학습자들 역시) "lat"과 "loat"라는 두 단어를 비교해 들었을 때 거의 대부분 "loat"가 무언가 더 크고 더 무거운 것을 가리키는 것이라고 판단한다. 비록 둘 다 영어에는 없는 가짜 말이지만, 그 소리 형

태만 가지고도 그것과 관련되는 크기 및 무게 측면에서의 의미를 파악
할 수 있다는 뜻이다.

형태와 의미 사이의 관계가 자의적이지만은 않을 수 있다는 또 하나
의 예시로 다음의 동요 가사를 생각해 보자.

둥둥 엄마오리 연못 위에 둥둥
동동 아기오리 엄마 따라 동동
둥둥 엄마오리 연못 위에 풍덩
동동 아기오리 엄마 따라 퐁당

자, 그런데 이제 재미 있는 실험을 해보자.

가사를 다음과 같이 바꾸어 노래를 불러보는 것이다. 멜로디를 이미
알고 있는 독자라면 아래 제시하는 가사에 맞춰 흥얼거려 보라.

동동 엄마오리 연못 위에 동동
둥둥 아기오리 엄마 따라 둥둥
동동 엄마오리 연못 위에 퐁당
둥둥 아기오리 엄마 따라 풍덩

노래를 불렀다면 필시 배시시 웃음이 새어 나왔을 것이다. 엄마오리와 아기오리의 모습이 어떻게 그려지는가? 아마도 아기오리들을 거둬 먹이느라 피골이 상접한 엄마오리와 굶고 있는 엄마의 속도 모르고 먹이를 독차지해온 나머지 비만 체형이 되어버린 아기오리의 모습이 마음 속에 떠올랐을 것이다.

다행히 본래의 동요 가사는 아이들의 동심을 문제 없이 지켜내고 있다. 엄마 오리를 묘사할 때는 큰말인 "둥둥"과 "풍덩"을, 아기 오리를 묘사하는 데는 작은말인 "동동"과 "퐁당"을 쓰고 있으니 말이다. 이는 세상에 대한 우리의 이해가 잘 반영된 결과이다. 대개 엄마오리는 아기오리에 비해 덩치가 크다. 그래서 엄마오리가 연못 위에서 떠다닐 때 아기오리에 비해 물 속에 더 깊이 몸이 잠기게 된다. 그리고 물속으로 자맥질을 하는 모습을 보자면 큰 덩치로 인해 엄마오리가 아기오리에 비해 더 많은 물살을 일으킨다. 그렇듯 아이들을 위한 동요 하나에도 우리의 세상에 대한 경험이 온전히 담기게 된다.

아이들에게 요즘 영어 그림책을 읽어주고 있는데, 아이들이 어리니 그림책의 주인공들이 대개 동물입니다. 한국어 그림책에서는 꿀꿀, 멍멍, 개굴개굴, 야옹, 영어 그림책에서 snort snort, woof woof, croak croak, meow meow 등과 같이 흉내를 내는데, 두 언어에서 동물의 소리를 표현하는 말이 서로 비슷하다는 생각을 합니다. 이렇듯 대표적으로 의성어를 보아도 언어가 자의적이지 만은 않다는 생각이 듭니다.

예전에 교수님의 심리언어학 수업에서 발표를 준비하며 찾아보았던 부바(bouba)와 키키(kiki) 실험이 생각이 납니다. 뾰족한 모양과 둥그런 모양을 두고 각각의 이름이 무엇인지 묻자 95퍼센트 이상의 사람들이 뾰족한 모양이 키키, 둥그런 모양이 부바일 것이라고 답했다는 내용이었어요. 사람들이 사물의 모습과 소리를 일관되게 연결한다는 점이 신비롭습니다. 저도 자연스레 그렇게 연결합니다만, 문득 우리의 이 "자연스러움"은 어디에서 온 것일지 궁금해집니다.

동물의 소리를 흉내 내는 말이 언어마다 사실상 크게 다르지 않아 유사하고, 처음 듣는 소리에 대해 사람들이 일관적인 의미를 부여하는 것은 인간의 경험이 그만큼 보편적이라는 뜻이 아닐까 합니다. 개별 문화의 독자성 및 상대성을 강조해야 하는 대목이 분명 있겠습니다만, 제 시선에서는 문화 간 보편성이 더욱 도드라진 가치로 여겨집니다.

# 미터기를 꺾다

**5**

인간이 서로간의 의사를 소통하고 상호작용하기 위해 동원하는 자원에는 언어만이 있는 것은 아니어서, 그 과정에서 비언어적 기호(nonverbal signs)도 큰 몫을 한다.

예를 들면 우리가 흔히 사용하는 아이콘들이 그러하다.

두 팔을 교차하여 X자를 그리면 "안 돼!"라는 의미를 표현하게 되고, 양팔을 머리 위로 올려 O자를 그리면 "좋아!"라는 의미를 표현하게 된다. 도로 표지판들도 아이콘으로서의 특징을 가지는데, 자전거 그림을 그려 두면 자전거를 타도 좋다는 뜻이 되고, 자전거 그림 위에 X자를 얹어두면 자전거를 타서는 안 된다는 뜻이 된다.

언어는 자의적인 측면이 있어서 사과(의미)를 왜 사과(형태)라고 부르는지 굳이 따져볼 여지가 없다고 했다. 마찬가지로 사과(의미)를 어찌하여 우리는 사과(형태)라 하고 미국 사람은 apple(형태)이라고 하는지 그 근본적 이유를 설명하기란 여간 곤란한 일이 아닐 수 없다.

그런데 비언어적 기호인 아이콘의 경우 의미와 형태가 상대적으로 더욱 필연적인 관계를 맺는다.

신호등의 멈춤 사인과 보행 사인이 의미하는 바는 그 형태, 즉 생긴 모양을 보면 분명히 드러난다. 누가 봐도 멈춤 사인은 멈춤 사인이고, 보행 사인은 보행 사인이다.

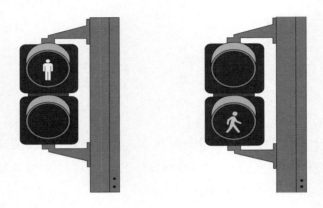

아이콘은 대개 언어적, 문화적 배경 등과 무관하다. 그래서 말 한마디 통하지 않는 외국에 나가서도 길거리 표지판을 통해 정보를 얻고, 현지인과 손짓 발짓을 동원해 겨우겨우 의사소통하는 과정에서도 아이콘이 한 몫을 한다.

부모님의 증언으로 나는 한글을 조금 일찍 깨친 편이라는데, 그렇다고 주변의 누군가가 발벗고 나서 한글을 가르치거나 하지는 않으셨다고 한다. 어릴 적 버스를 태워 어디를 가다 보면 어느새 창밖의 간판을 중얼거리며 읽는 모습을 보였다고 한다. 그 말씀의 어디까지가 진실인지는 모르겠지만….

그때 내가 간판을 띄엄띄엄 읽고 그를 통해 한글을 깨치던 과정에서도 아마 아이콘의 역할이 컸을 것이다. 아이콘이 전달하는 의미를 파악하고 이를 한글의 형태와 일치시켜나가는 과정이 내가 한글을 배워나가는 초기 단계의 모습이었다. 아이콘이 가지는 의미와 형태 간의 필연적 관계는 이렇듯 문자 언어를 모르는 어린아이에게도 유용하다.*

　아이콘은 의미의 명징성, 즉각성이 생명인데, 아이콘 자체도 시대마다 다른 모습으로 나타난다. 과학과 문화가 급변하는 시대를 살고 있는 요즘 아이들의 경우 전화 아이콘을 낯설어하는 사례가 많다고 한다. 스마트폰이 자리를 잡고 집전화가 사라지면서 아이콘으로 표현되는 전화기의 실제 모습을 쉬이 볼 수 없게 된 까닭이다.

나의 딸이 여섯 살이었을 때, 스마트폰의 전화 아이콘을 가리키며 무엇인지 아느냐고 물었던 적이 있다. 이내 "전화"라고 정답을 말하는 것이 아닌가. 요즘 꼬마들은 잘 모른다던데 웬일인가 싶어 물었더니, "이번에 제주도 가서 봤어."라고 답한다. 제주도의 외갓집에서 얼마 전 보고 왔던 전화기가 즉각 떠올려졌던 모양이다.

　아이콘에 대한 이해는 이렇듯 그 대상에 대한 실제적인 경험이 중요한 법이다.

　우리가 사용하는 말들 중에서도 아이콘의 특성이 드러나는 것들이 많다.

---

\* 　여기에서는 "자의성"에 대조되는 말로 "필연성"이라는 말을 골라 쓰고 있다. 언어학적으로 보면 "동기화된 사용"이라는 설명이 더욱 적절하다. 특정 의미를 표현하는 특정 형태가 자의적인 선택이 아니라 동기화된 선택의 결과라는 뜻이다.

주로 상징성이 강한 말들이 그러한데, 하나만 예를 들고 가자면 "미터기를 꺾다"라는 말이 재미있다.

서울이나 대도시에 사는 "요즘" 사람들은 미터기를 꺾는다는 말이 무슨 뜻인지 잘 모를 수도 있겠지만, 아직도 저 시골마을에 가면 미터기를 꺾거나 혹은 꺾지 않고 달리는 택시를 흔하게 만나볼 수 있다.

*"기사님, 미터기 꺾고 가주세요."*

이 말은 목적지에 따라 미리 정해진 택시 요금을 받지 말고, 택시 내 설치된 요금 계산기에 따라 금액을 산출하여 지불할 수 있도록 해달라는 말이다.

그런데 왜 "미터기를 꺾는다"라고 했을까?

옛날 택시들의 모습에서 그 이유를 찾아야 한다.

그 옛날 택시들은 승차요금을 계산하는 기계식의 미터기를 달고 다녔는데, 평소에 세워져 있던 "빈차"라는 작은 표지판을 손님이 타면 오른쪽으로 "꺾었고", 그러면 요금 산정이 시작되었다. 미터기 위의 표지판을 오른쪽으로 꺾어 내리는 모습에서 미터기를 꺾는다는 말이 유래한 것이다.

"채널을 돌리다"는 여러분이 쓰는 말인가? 그 말의 유래 역시 잘 알고 있는가?

미터기를 꺾는 것과 마찬가지로 채널을 돌리는 것도 채널 손잡이를 "돌리는" 실제적 행위에서 비롯한 말이다. 옛날 텔레비전을 본 적 없는 요즘 아이들은 전혀 모를 일이다.

재미있는 점은 그 유래를 모르는 아이들도 채널은 이리저리 잘도 돌린다는 사실이다.

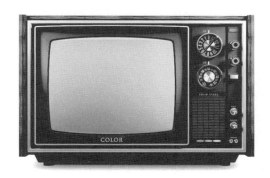

저는 "미터기를 꺾다"는 표현을 써본 적이 없네요. 테레비 틀고 채널 돌리고는 많이 합니다. 그런데 채널은 물리적으로 돌리지는 않더라도 버튼을 누르다 보면 다시 원점으로 돌아온다는 점에서 "돌린다"는 말도 여전히 어울리는 것 같아요.

 요즘 아이들은 컴퓨터 문서 작업창의 "저장하기" 아이콘이 무엇을 본뜬 모양인지 모른다고 하더라고요. 그래도 여전히 "저장하기"를 잘 사용하네요. 한번 만들어진 아이콘이 최초의 유래가 사라져도 그 자체로 의미가 만들어져 쓰이는 경우가 있는가 보다 싶습니다. 플로피 디스켓 모양도 유선 전화기의 수화기 모양도 너무 잘 아는 저는 문득 옛날 사람이 된 기분이네요.

그러게요. 이런 글을 쓰고 관련된 생각을 하다 보면 과연 내가 나이를 먹었구나 싶습니다. 옛날 이야기 해주는 할아버지가 되는 느낌이 들어요.

# 당신은 나의 태양

요즘 말로 소위 썸 타는 상대가 갑작스러운 고백을 해왔다.

*"당신은 나의 태양이오!"*

여러분이 이 고백을 접한 당사자라면 어떠한 기분이 들겠는가? 무척이나 고전적인 말에 손발이 오그라든다고 답할 사람이 있을지도 모르겠으나, 이 말에 맘 상해 할 사람은 정작 아무도 없을 것이다. 다시 말해, "당신은 나의 태양이오!"라는 말이 듣는 이에게 불러일으키는 감정은 부정이 아닌 긍정 쪽에 훨씬 더 가깝다. 왜일까?

"당신은 나의 태양이오!"라는 말을 들은 사람에게는 태양의 이미지가 자연스레 떠오른다.

- *세상을 밝고 따뜻하게 하는 힘*
- *거대하여 감히 맞설 수 없는 절대 권위*
- *듬직한 맏형*
- *대체 가능한 무엇을 떠올릴 수 없는 유일무이한 존재*
- *우리의 삶을 지탱하는데 있어 필수불가결한 바로 그것!*

"당신은 나의 태양이오!"라는 짧은 고백의 말은 이와 같은 긍정의 메시지를 응축하여 전달한다. 태양이 가지는 긍정의 이미지가 너무나도 강렬하여 그것의 부정적 이미지가 들어설 자리는 없다(예를 들어, 고운 얼굴에 옥의 티 마냥 자리 잡은 태양의 흑점을 먼저 떠올릴 사람은 흔치 않으리라는 말이다). 촌스럽다고 손사래 치는 사람에게도 "당신은 나의 태양이오!"라는 고백은 만점짜리 효과를 가진다.

나를 태양이라 말하며 고백해 오는 사람에 대한 상상으로 한껏 기분이 들떠있을 여러분에게는 미안한 일이지만, 이번엔 새로운 가정을 해보자.

여러분이 마음에 두고 있는 상대방에게서 다시 한 번 고백의 메시지를 받았다. 그런데 그 내용이 조금 다르다.

*"당신은 나의 명왕성이오!"*

"당신은 나의 명왕성이오!"라는 고백에는 어떠한 느낌이 드는가?

"명왕성은 규모도 작고 궤도도 제멋대로여서 2006년에 이르러 태양계의 행성으로서의 지위를 잃었다는데…. 뭐야, 그렇다면 나도 그저 그런 퇴출 대상이란 말인가?"

그런데 얄궂게도 메시지를 전해온 이는 여러분이 오랫동안 마음에 두고 있던 사람이다. 서로 좋은 인연으로 맺어지길 간절히 바라는 상황에서 이렇듯 단호하게 부정적 해석을 내려버리기엔 무언가 너무나도 아쉽다.

여러분은 "당신은 나의 명왕성이오!"라는 말을 해독하기 위하여 밤잠을 이루지 못할 것이다. 그러나 밤새 뒤척이며 수백, 수천, 수만의 해석을 떠올린다손 치더라도 그것들 중 무엇이 정답에 해당하는지를 알 재간이 없다. 내가 명왕성만큼 존재감 없는 그저 그런 사람이라는 부정적인 메시지인 것인지, 미지의 명왕성과도 같은 나의 존재에 대해 매력을 느껴 탐험에라도 나서 보겠노라는 긍정의 메시지인 것인지, 말을 전한 그 사람과 직접 대면하여 그 진실한 속내를 물어야만 할 일이다.

상대방의 말이 의미하는 바를 찾아가는 과정에서 정답지가 비교적 명확하게 드러나는 "당신은 나의 태양이오!"는 메타포(metaphor; 은유, 비유)로서 온전히 기능한다. 이에 비해, "당신은 나의 명왕성이오!"라는 말은 메타포가 될 수 없다. 메타포는 듣는 이에게 말하는 나의 의도를 헛갈림 없이 명확히 전달할 수 있는 경우에 성립한다. "당신은 나의 하나밖에 없는 최고의 존재요!"와 같이 직접적으로 말하는 대신, 태양이 가진 이미지를 빌어 나의 의사를 명확히, 또한 어쩌면 더욱 효과적으로 전달하는 것이 메타포이다.

메타포가 성공적이기 위해서는 비유가 되는 대상에 대한 화자 상호간의 공통의 이해가 필수적이다. 태양에 대해 상호 공감하는 바가 명왕성에 대한 그것에 비해 명쾌하기에 태양의 메타포가 더욱 큰 효과를 발휘할 수 있으리라는 뜻이다. 그리고 이 모든 것은 태양에 대해, 그리고 명왕성에 대해 우리가 세상을 살며 경험을 통해 알게 된 바의 소산이다.

이렇듯 우리가 쓰는 말은 세상에 대한 우리의 경험을 충실히 반영한다.

메타포는 그 의미에 대한 상호 합의가 바탕이 되어야하는 거네요! 태양은 고전적인 표현이고 여전히 많이 쓰이는 것 같지만, 명왕성은 정말 들어본 적이 없고 무슨 말인가 싶어 답답합니다.

김동명 시인의 "내 마음은 호수요"라는 시가 생각이 나네요.

*내 마음은 호수요, 그대 노 저어오오*

"호수"라는 말을 듣고 가지게 되는 감정도 우리가 모두 공유하고 있는 것이겠죠? 아름다운 은유 표현은 위로와 치유의 힘이 있는 것 같습니다.

"호수"가 주는 심상이 모두에게 동일하게 나타날까요? 그렇지는 않을 것 같습니다. 태양에 대한 경험에 비추어 호수에 대한 우리의 경험은 보편성이 훨씬 덜하지 않나 합니다. 김동명 시인의 시를 통해 호수가 사랑의 감정으로 충만한 존재로 각인된 바 큰 것 같군요. 그것이 바로 시의 힘이겠지요.

# 비행기를 태우다

**7**

비행기를 볼 때마다 저 커다란 덩치가 어떻게 하늘을 날 수 있다는 것인지 도무지 신기하기만 하다. 양력과 항력이 어쩌고저쩌고 하는 설명들은 나에게는 똑똑한 사람들이 똑똑한 척하기 위해 하는 말일 뿐이다. 내 눈을 가득 채우는 육중한 체구가 사람과 화물을 잔뜩 싣고 날아오를 때면 전율만이 느껴질 따름이다.

어릴 적엔 비행기를 동경하는 마음에 커다란 우산을 펼쳐들고 높은 곳에서 뛰어내리곤 했다. 그저 한두 번 폴짝 뛰어내리고 말았던 것

이 아니라, 한번 시작하면 몇 시간이고 수십 아니 수백 번을 같은 동작을 반복하며 놀았다. 난생 처음 비행기를 실제로 타게 되었던 고등학교 2학년 수학여

행! 비행기 여행이 처음이었던 나를 비롯한 대부분의 친구들은 수학여행을 앞두고 비행기를 화제로 몇 날 며칠 이야기꽃을 피웠다. 여기저기에서 비행기가 나는 원리에 대해 이야기를 나눴고, 기내에서는 어찌어찌해야 한다는 식의 사실상 근본 없는 비행기 여행 예절에 대한 훈계가 오갔다. 정작 비행기를 타고 제주로 향하던 날, 예상과는 달리 기내 안에는 적막만이 가득하였다. 긴장감에 온정신이 사로잡힌 영락없는 촌놈들의 모습이었다. 얼마나 긴장을 하였던지 친구 하나는 심각한 멀미 증상으로 그 짧은 여정 내내 사경을 헤맸다.

1) 제가 크면 돈 많이 벌어서 부모님 꼭 비행기 태워드릴게요!

내가 어릴 적에 심심치 않게 듣던 말이다. 아마도 드라마가 그 주된 소스였던 것 같은데, 이는 예를 들자면 고된 하루 일과를 무사히 마친 아버지를 위로하는 아이들의 단골 멘트였다. 1992년 나의 찬란했던 청춘 시절, 마르고 닳게 들었던 그룹 015B의 "수필과 자동차"는 "이젠 그 사람의 아버지가 누구인지 더 궁금하고 해외여행 가봤는지 중요하게 여기네"와 같은 노랫말을 담고 있다. 해외여행은 물론 비행기 타는 일 자체가 더 이상 대단한 것이 아니게 된 지금 시대엔 그 누구도 부모님께 비행기를 태워드리겠다는 말로 효심을 표현하지는 않는다.

"비행기를 태우다"는 그 역시 요즘엔 잘 쓰지 않는 것으로 "호강시키다"라는 말과 유사한 표현이라 하겠다. 그런데 "비행기를 태우다"가 "호강시키다"라는 뜻으로만 쓰이는 것이 아니다.

2) (승무원이 다른 승무원에게 몸이 불편한 승객을 가리키며) 이 분 좀 (비행
   기) 태워드리세요.

3) (물건들을 태우는 와중에 종이비행기를 가리키며) 비행기 태워도 되지?

4) A: 오늘따라 더욱 멋져 보입니다. B: 아휴, 비행기 태우지 마세요.

5) (누운 자세에서 두 발로 아이를 들어 올리는 아들에게 어머니가) 얘야, 비
   행기 태우지 마라. 아이 다칠라.


2)는 물리적으로 비행기를 태우는 경우이다. 3)은 역시 물리적으로
비행기를 태우는 경우인데, 이때의 "태우다"는 높은 온도로 불을 붙이
는 것을 의미하니 2)에서의 "비행기를 태우다"와는 그 의미가 전혀 다
르다. 4)는 심리적 상황에 대한 묘사이다. 여기에서의 "비행기를 태우
다"는 "칭찬하다" 혹은 "추켜올리다"쯤의 의미를 가진다. 마지막 5)에서
의 "비행기를 태우다"도 그 의미가 앞선 것들과 여전히 달라, 어린 아이
와의 놀이 방식 중의 하나가 비행기를 태우는 일로 묘사되고 있다.

전혀 다른 "태우다"의 의미를 가지는 3)을 제외하고는 나머지는 모
두 사실상 밀접한 관련을 맺고 있다. 그리하여 물리적으로 실제 비행
기에 사람을 태우는 행위를 묘사하는 2)의 의미에서 1), 4), 5)의 의미
가 비롯한 것으로 보는 것이 옳다. 순서를 뒤집어 먼저 5)는 비행기가
하늘을 나는 모습과 어른의 두 발에 올라탄 아이의 모습을 동일시한
표현으로 외양의 물리적 유사성에 착안한 경우이다. 그에 비해 1)과 4)
는 비행기를 타는 경험이 주는 심리적 특별함에서 기인하여 추상성을
띠는 방향으로의 의미적 확장이 이뤄진 경우들이다.

한편 흥미로운 점으로, 2), 3), 5)와는 달리 1)과 4)의 경우에는 "비

행기에 태워졌다"는 식의 수동 표현이 가능하지가 않다. 또한 비행기를 수식하는 특별한 말을 덧붙일 수도 없어서, 1)과 4)의 의미에서는 "큰 비행기를 태우다"와 같은 표현이 허용되지 않는다.

　"비행기를 태우다"라는 표현 하나도 이렇게 복잡할 따름이니 외국인이 한국어를 배운다는 것이 결코 만만치 않은 과정이 될 것임을 금세 깨닫게 된다. 물론 절대 오해하지 말아야 하는 점으로, "한국어는 복잡하다"는 식의 생각은 금물이다. 한국어만이 복잡한게 아니라 영어도 복잡하다. 좀 더 정확히 말하자면 특정 언어가 다른 언어에 비해 더욱 복잡하거나 혹은 덜 복잡한 것이 아니라, 그저 서로가 다를 뿐이다. 모국어가 아닌 다른 언어를 배운다는 것은 새로운 사고의 경험을 하게 된다는 말이다. 그리고 그 경험은 복잡하다고 치부해 버리기에는 너무나도 매력적인 것이 아닐 수 없다.

우리나라 여권이 있으면 189개 나라에 비자 없이 갈 수 있다고 하네요 (2021년 7월 당시 Henry & Partners 발표). 이는 전 세계 국가들 중 3위에 해당한다고 합니다. 국가 신뢰도가 올라갔기 때문이라고 들었습니다. 그 럴수록 "비행기 태워드릴게요."의 의미가 도리어 퇴색(?)하는 것은 아닌지 모르겠습니다.

 "비행기를 태우다" 표현을 보고 다른 탈 것은 이런 표현이 없는가 생각해보니, 정말 없는 것 같아요. 비행기가 탈 것 중 가장 좋은 것임이 분명한가 봅니다!

저는 어릴 적 할머님께 제가 커서 성공하면 금반지를 사드린다고 입버릇처럼 말했다고 합니다. 어린 아이의 시선에서 금반지는 최고의 가치를 가진 것이었나 봅니다. 할머님께서 돌아가시기 전에 금반지를 해드릴 수 있었다면 얼마나 좋았을까요.

# 독수리 타법

**8**

　여러 대학의 교수들과 함께 원서 한 권을 나누어 번역하고 있었을 때의 일이다.

　당시 함께 번역 일을 나눠맡고 있던 모 대학의 선배 교수 한 분께서 일을 시작하기 바로 몇 달 전 큰 교통사고를 당하셨다. 얼마나 큰 사고였던지 말 그대로 죽다 살아나셨으며, 또한 살아있는 것이 그저 용한 일이라고 하셨다. 그런 끔찍한 일이 있었다는 사실을 미처 모르고 번역 일에 대해 의논하기 위해 처음 모였던 자리에서 수척해진 얼굴로 목발을 짚고 나타나신 선배 교수님을 뵈었고, 그 모습에서 교통사고의 규모를 미루어 짐작할 수 있었다.

　그리고 몇 달 후, 번역 일이 어떻게 진행되어 가고 있는지, 그 과정에서 특별한 어려움은 없는지 SNS 채팅방을 통해 의견을 나누던 중 사고를 당하셨던 교수님께서 말씀하셨다.

　"왼쪽 손가락 두 개가 부러진 것 때문에 타자 속도가 매우 느린 게 문제입니다. 그래도 기간 내에 마무리 짓도록 하겠습니다."

안쓰러운 마음에도 내가 할 수 있는 일은 어서 쾌차하시라는 인사를 전하는 것뿐이었다.

그리고는 혼자 생각했다. 그럼 아무개 교수님은 지금 독수리 타법으로 타자를 하고 계시겠구나….

"독수리 타법!"

도대체 "독수리 타법"은 누가 만든 말일까?

열 개 손가락을 다 쓰지 못하고 양손의 검지 두 개만을 활용하여 타자하는 것을 "독수리 타법"이라고 하지 않던가.

컴퓨터가 흔치 않던 대학교 신입생 시절, 내 친구 명훈이가 그의 짧고 굵은 손가락 열 개 중 그나마 똘똘하게 말을 잘 듣는 서너 개만을 동원하여 낑낑거리며 컴퓨터 자판을 두들기던 모습이 선명하다. 그가 보여준 것이 바로 독수리 타법의 전형이 아니겠는가.

왜 하필 조류를 골라 이름을 붙였는지, 그 많은 새들 중에 어찌하여 독수리가 선택되었던 것인지 모를 일이다. 타자가 느린 것을 강조할 요량이라면 "거북이 타법"이나 "나무늘보 타법"이라 하여도 좋을 일이고, 조류 중에서는 "부엉이 타법"도 괜찮아 보이고, 독수리의 날카로운 발톱의 이미지가 필요할 일이었다면 "황조롱이 타법"이라 하여도 의미 전달이 되었을 텐데, 하필 "독수리 타법"이라니….

이제부터라도 나는 "독수리 타법"이란 말 대신에 "송골매 타법"이라 말하겠노라 만천하에 선언한다 하여도 그것은 부질없는 일이다. 그 시작이 어찌하였는지는 알아보아야 할 일이겠으나, "독수리 타법"이 언중 사이의 약속이 된 이상 나를 비롯한 그 누구도 그 약속된 바를 쉽사리 어길 수는 없다.

뭐 가만 보면 "독수리 타법"이 상황에 어울리는 가장 근사하고 적절한 말인 것도 같다.

익숙해져버린 탓일까?

한편, "독수리 타법"과 관련하여 유사한 영어 표현으로는 "hunt-and-peck"이라는 말이 있다. "the hunt-and-peck technique", "a hunt-and-peck typist"와 같이 표현하는데, hunt는 새

가 사냥을 한다는 말이고, peck은 "새가 부리로 (먹이를) 쪼아먹는다"는 의미이다. 손가락 두 개로 컴퓨터의 자판을 하나하나 보아가며 타자를 하는 모습을 새가 사냥하여 먹이를 쪼아먹는 모습에 비유하고 있으니 우리말의 "독수리 타법"만큼이나 흥미로운 표현이 아닐 수 없다.

그나저나 그때 많이 다치셨던 선배 교수님은 천만다행으로 건강을 빠르게 회복하셨고, 이제 곧 정년을 앞두고 계신다.

높은 곳에서 먹이를 향해 내리꽂는 모습을 생각하면 조류 중에서는 독수리가 가장 전형적이라서 그렇지 않을까요? 활자를 찾아 이리저리 헤매다가 원하는 활자를 찾는 순간 훅 내리꽂는 모습이 "참새 타법"이라고 하기엔 조금 거리가 먼 것 같아요. 영어에서도 한국어 화자들과 비슷하게 "사냥"의 이미지를 차용한다는 점에서 인지언어학적으로도 살펴볼 수 있을 것 같습니다.

인지의 보편성을 말씀하시는 거죠. 그래요. 그런데 우리가 쓰는 말들의 대부분이 그렇듯, 왜 하필 독수리인가는 모를 일이에요. 사람들이 설명을 그럴듯하게 붙였을 뿐….

그나저나 스마트폰에 익숙한 요즘 아이들에게서 독수리 타법이 많이 보인다고 하더군요. 컴퓨터 타자가 그만큼 친숙하지 않다는 말이겠지요. 격세지감을 느낍니다. 제가 대학 다니던 시절만 해도 타자 속도를 조금이라도 높이기 위해 시간을 들여 연습을 하는 일이 흔하였고, 타자를 얼마나 잘 하느냐를 가늠하여 국가에서는 자격증을 내어주기도 하였는데 말이에요.

# 동기화된 언어 사용

우리가 흔히 쓰는 말을 두고 왜 그렇게 말을 하게 되는 것일까 궁금해지는 순간들이 있다. 그냥 사람들이 그렇게 약속해서 쓰는 것이라고 치부하기에는 무언가 개운치가 못하여 충분한 설명을 회피하는 것처럼 느껴진다. 그런데 가만 뜯어보면 왜 그러한 말을 사용하게 되는지에 대한 설득력 있는 해석이 가능한 경우들이 사실상 많다. 세상에 대한 경험은 세상에 대한 우리의 이해 구조 형성에 영향을 미친다. 그리고 그렇게 형성된 인지 구조는 다시 우리의 언어 사용의 실제에 영향을 미친다. 뒤집어 말하자면, 우리가 사용하는 말은 우리가 세상을 이해하는 특정한 방식을 표출하는 동기화된 수단이다. 이렇듯 인지심리학적 관점에서 설명이 가능할 법한 사례들을 여기 소개한다. 어쩌면 그간 한 번도 생각해보지 못했을 우리의 언어 습관과 그것에 담긴 흥미로운 의미에 대해 둘러보는 시간이 될 것이다.

# 길동이가 vs. 마이클이

**9**

정작 의식하지는 못하나 우리가 영위하는 언어생활 곳곳에는 흥미롭고 신기한 내용들이 가득 들어차 있다. 그것들을 이렇듯 하나씩 정리해 보고자 마음을 먹었을 때 사실 가장 먼저 꺼내놓고 싶었던 이야기가 따로 있었다. 어느 순간 느닷없이 다가온 그것은 나에게는 전율이 느껴지는 대단한 발견이었다. 다만 어쩌다보니 순위가 이렇게 뒤로 조금 밀리게 되었지만.

다음의 두 문장을 보자.

*"길동이가 길수를 좋아해."*
*"길수가 길동이를 좋아해."*

두 문장의 주어는 "길동이가"와 "길수가"와 같이 쓰였다. 그리고 목적어는 "길수를"과 "길동이를"과 같다. "길동"의 경우 주격조사 "가"

와 목적격조사 "를" 앞에 "이"가 덧붙었다. 한국어 화자라면 이와 같은 쓰임이 자연스럽다고 말할 것이다. 언어에 대한 조금의 지식이 있는 경우라면 받침이 있는 이름에 한하여 "이"를 덧붙이게 되는 것이라고 자신 있게 설명까지 내놓을 수 있을 것이다. 여기까지는 새삼 신기할 것이 없다.

자, 이번엔 다음의 두 문장을 보자.

*"길동이가 마이클을 좋아해."*
*"마이클이 길동이를 좋아해."*

어떠한가. 두 문장에서 목적어 자리에 "마이클이를", 주어 자리에 "마이클이가"와 같이 말하는 것이 왠지 부자연스럽다. 목적어 자리에서 "이"를 덜어내고, 주어 자리에서 "가"를 덜어내야 그 쓰임이 자연스럽게 느껴진다.

외국인의 이름의 경우에 한정하여 우리의 언어가 이렇게 특별하게 작동하는 것인데, 참으로 놀라운 일이 아닐 수 없다. 더욱 신기한 노릇은, 목적어 자리에서는 본래 없던 "이"가, 주어 자리에서는 본래 자리를 지키고 있던 "가"가 사라지게 된다는 점이다.

이어서 다음의 문장을 보자.

*"나는 유진이를 좋아해."*

매우 자연스럽다.

그렇다면 이번엔 내가 좋아하는 사람이 "유진"이가 아니라, 금발의 미국인 "Eujene"이라고 가정하여 보자. 그리고 내가 그를 좋아하고 있음을 문장으로 표현해보자. (참고로 Eujene은 미국에서 흔한 이름 중의 하나이고, 주로 남성의 이름으로 쓰인다.)

어떻게 표현하였는가?

"나는 Eujene이를 좋아해."라고 말한 사람은 없을 것이다. 대신 "나는 Eujene을 좋아해"와 같이 말하지 않았는가!

어찌하여 "유진"의 경우에는 "나는 유진이를 좋아해."와 같이, "Eujene"의 경우에는 "나는 Eujene을 좋아해."와 같이 표현하게 되는 것일까? 이쯤 되면 자연스레 소름이 돋는다.

초등학교 4학년의 어느 학생은 선생님께 다음과 같이 주문하였다.

*"선생님! 저를 홍길순~이라 부르지 마시고, 다른 친구들처럼 길순아~하고 불러주세요!"*

"홍길순!"이라 불리면 거리감이 느껴지고, "길순아!"라고 불리면 친근하게 느껴진다는 뜻이다.

이번엔 "유진"말고 "강유진"을 좋아해보자. 그리고 문장을 통해 그를 좋아한다는 표현을 다시 한 번 해보자.

어떠한가? 다음과 같이 말하지 않았는가?

*"나는 강유진을 좋아해."*

어찌하여 "나는 강유진이를 좋아해."와 같이 말하지 않았을까?

그것이 외국인 이름에서 기인하는 것인지 혹은 외국사람 자체에 대한 정서적 반응의 결과인 것인지는 좀 더 따져봐야 할 일이겠으나, 분명한 사실로 우리의 언어 문화는 우리가 외국인에 대해 심리적 거리감을 가지고 있음을 가감 없이 드러내고 있다.

참 신기하네요. 길동이에 붙은 "이"는 무엇인가요? 깜찍이, 이쁜이, 삼식이 같은 말에서 "이"는 "사람"을 의미하는 "이" 잖아요. 길동이에 붙은 "이"도 같을까요?

이쁜이의 "이"와는 조금 다르겠죠. 이쁜 사람의 의미가 이쁜이일 테니…. 언어학에서는 이것을 "쁘띠(petit) 이"라고 하더군요. 재밌죠!

아 그렇군요, 감사합니다. 그러면 멍멍이, 야옹이의 "이"도 "쁘띠 이"에 해당하는지요? 이런 경우엔 "이"가 사람 말고 동물도 되네요. "따릉이"를 보니 사물도 되고요. 그러니까 동물이나 사물을 사람처럼 부르려고 "이"를 붙인 거네요! 무심코 쓰던 "이"에도 여러 가지 결이 있다는 것을 알았습니다.

"길동이"보다 "길동이가"에서 구어체의 더 친근한 느낌이 듭니다. 소설속 "영신은"은 문어체이면서 좀 더 거리를 두는 느낌이고요. 그러니까 말과 글 중에는 말이 더 가깝고 직접적인 것이네요. 외국인에게는 다른 규칙을 적용하는 것도 교수님의 추측처럼 심리적 거리감의 문제일 수 있겠다는 생각이 듭니다.

# 호명의 비밀: "승형아!"와 "이승형!"

**_10_**

커뮤니티, 즉 공동체에는 그 나름대로의 정해진 관습이 있다. 이를 전문용어를 동원하자면 "Practice of the community"라고 이르며, 그렇듯 특정 관습을 비롯하여 공통의 이해관계를 가지는 집단을 일컬어 "A community of practice"라고 말한다.

학교의 교실 역시 하나의 커뮤니티이다. 교실을 구성하는 성원들은 공통의 이해관계를 가지며 정해진 관습과 규율을 따른다. 그 중의 하나가 출석을 부르는 행위이다.

내가 강의실에서 출석을 부르는 방식은 다소 특이하다. 이것이 특이한 방식이라는 것을 애초 깨닫고 있었던 것은 아니고, 어느 학생 하나가 그렇게 말해 주어서 알았다.

난 "홍길동", "홍길순", "홍길수"와 같이 호명하는 대신, "길동이", "길순이", "길수"와 같이 학생들의 이름을 부른다.

우리는 아주 빈번히 우리가 하는 행위들을 미처 의식하지 못한다. 그에 대해 별다른 의미를 부여하지도 않는다. 그러다가 일이 벌어지고 난 연후에나 그에 대해 의식하고, 경우에 따라 특별한 의미를 부여하기도 한다.

내가 출석을 부르는 행위가 그러했다. 내가 출석을 부르는 방식에 대하여 그것을 지적해 주는 학생을 통해서야 비로소 의식할 수 있었다. 그리고 나의 호명 행위에 대해 특별한 의미를 부여하게 되었다.

몇 해 전 교육대학원에 재학 중인 초등학교 교사와 이야기를 나누던 참이었다. 참고로, 한국교원대의 교육대학원은 학생 전체가 현직 교사들로 구성되어 있다. 어딜 가도 이만큼 높고 균일한 수준의 자원으로 구성된 대학원을 결코 찾아볼 수가 없다. 단연코 한국교원대 교육대학원은 최고 수준이다.

아무튼 선생님과는 방학 때마다 수업을 통해 만나는 사이이고 하니, 지난 학기 근황이 궁금해서 안부를 물었더랬다. 선생님은 지난 학기에 특별한 시도를 여럿 하였는데, 학생들로부터 중간 수업평가를 받은 일이 그 중의 하나라고 하였다. 내가 언젠가 선생님이 수강한 수업에서 중간 강의평가를 수강생들로부터 받았던 적이 있었는데, 이에 착안하였다고도 하였다. 선생님은 초등학교 4학년을 담당하고 있었는데, 아이 하나가 써낸 요청 사항이 재미있었다며 나에게 전해왔다.

*"선생님, 저를 홍길순~이라 부르지 마시고, 다른 친구들처럼 길순아~하고 불러주세요!"*

아이의 뜻은 명확하였다. 선생님은 어찌하여 다른 아이들은 친근하게 이름을 부르시면서 정작 나에게는 그렇지 않으시냐는 모종의 어필이었다. 자신도 친근하게 불리고 싶다는 의사표현이었던 것이다.

성을 빼고 이름을 부르면 친근하게 느껴진다. 성을 붙이면 거리감이 생긴다.

출석을 부르는 교실 의식에서 나의 호명 방식은 그렇게 특별한 의미를 부여받았다. 나는 내 수업을 듣는 학생들에게 친근하게 다가서고 싶은 것이다.

딴짓하는 아이에게 밥을 먹으라고 채근하는 장면에서도 무의식적인 언어 사용이 이뤄진다. "승형아, 밥 먹자.", "승형이, 밥 먹어야지!" 아무리 해도 승형이가 밥상머리에 앉을 생각을 하지 않는다.

"이승형! 밥 안 먹을 거야?" 나의 목소리도 덩달아 높아진다.

저도 다정하게 다가가기 위해 학생들을 부를 때 성을 빼고 부른답니다. 가만 보니 짧게 부르면 부를수록 더 친근한 것 같습니다. "홍길동", "길동아", "동아" 하는 순간들이 다르고, 특히 이름조차 줄여 "동아!"라고 부를 수 있는 사람은 홍길동의 가족이나 절친 등 아주 한정된 사람들일 것 같아요.

누군가를 부르는 행위에는 단지 이름을 부르는 것 이상의 의미가 담기는 것 같아요. 문득 김춘수 시인의 시가 떠오르네요.

내가 그의 이름을 불러주기 전에는
그는 다만
하나의 몸짓에 지나지 않았다

내가 그의 이름을 불러주었을 때
그는 나에게로 와서
꽃이 되었다

초등학교 4학년짜리 아이의 요구사항이 참 재미있죠. 호명이 되는 방식에 따라 아이는 분명 다른 감정을 가지게 되는가 봐요. 누가 가르쳐주지 않아도 본능적으로 상대와의 거리감을 가늠하게 되는 것이 신기합니다.

# 부산에 올라가다

*11*

누군가 다음과 같이 말했다고 가정하자. 어떠한 생각이 드는가?

*"부산에 올라갔다 왔어요."*

우리가 일상에서 흔히 하는 말 중에 "상경(上京)"과 "낙향(落鄕)"이 있다. 서울에 가는 행위는 "위 상(上)"을 써서 표현하고, 시골로 거처를 옮기는 행위에 대해서는 "떨어질 락(落)"을 쓴다. "서울에 올라가다"와 "시골에 내려가다"에 같은 우리말 표현에 상응하는 것들이 될 것이다. 주지하듯, 이와 같은 언어 표현은 문화, 행정, 경제, 정치의 중심인 대한민국의 수도 서울에 대한 화자의 심리적인 태도를 반영한다. 영어의 경우에도 마찬가지여서 "travel up to London"과 같은 표현을 사람들은 줄곧 사용한다. 그런데 흥미로운 점은 이와 같은 말들이 화자의 지리적 측면에서의 이동의 실제 방향성과는 전혀 관련이 없다는 사실이다. 그래서 서울이나 런던에 비하여 지리적으로 위쪽에 사는 사람들이 서울이나 런던으로 실제 "내려가는" 경우에 있어서도 그들은 "상경하다", "서울에 올라가다"와 같이 표현한다. 물론 이는 대부분의 화자들에게 상식적인 내용에 불과하여 새로울 바 없는 뻔한 것일지도 모를 일이다.

그런데 앞서 제시한 "부산에 올라가다"라는 말은 사정이 조금 다르다. 그것은 부산에서 나고 자라 부산교대를 졸업한 후 부산의 초등학교에서 근무를 하고 있던 20대 후반의 어느 교사로부터 목격한 실제 발화 내용이다. 선생님은 당시 청주에 소재한 우리 학교에 파견 근무를 와 있었다. 월요일 오후 공부를 위해 학교에서 만난 자리에서 나는 "주말 잘 보내셨어요?"라고 물었고, 선생님은 나의 안부 인사에 대한 응답으로 "네, 부산에 올라갔다 왔어요."라고 답했다. 귀가 번쩍 뜨여서 동일한 질문을 다시 던졌더니, 어찌하여 두 번이나 묻느냐는 식의 반응과 함께 똑같은 답변이 되돌아왔다. 그렇듯 선생님은 청주를 출발하여 부산을 다녀온 행위에 대해 "부산에 올라갔다 왔다"고 똑똑히 표현하고 있었다. 이것이 의미하는 바는 무엇일까?

부산은 우리나라 제2의 도시이다. 제1의 항구 도시라는 사실 역시 두말할 나위 없다. 타 지역 출신 사람들과 비교하였을 때 더욱 도드라지는 부산 출신 사람들의 특징으로, 그들은 고향인 부산에 대해 특별한 자부심을 가진다. 해당 발화와 관련하여 추가적인 다양한 해석이 물론 가능하겠으나, 부산 사람의 부산에 대한 자긍심을 통해 발화의 의미를 이해하고자 하는 시도 역시 충분한 타당성을 가질 수 있을 것이라 본다.

대학교 1학년 시절로 기억한다. 서울에서 학교를 다니던 나는 동기들과 추석 명절을 맞아 고향에 내려가는 일에 대해 이야기를 나누었다. 당시에는 지금처럼 교통편이 원활하지는 못하였기에 명절에 시골 가는 것이 대단히 고생스러운 일이었다. 부산에서 온 친구에게 "너는 언제 시골 가니?"라고 물었더니 친구가 발끈했다. "뭐? 시골! 부산이 왜 시골인데?" 부산이 시골이라는 말을 도저히 용납할 수 없다는 단호함이 느껴지는 응답이었다.

한편, 이와 같은 추론이 가지는 타당성을 입증해볼 요량으로 나는 부산을 비롯하여 광주와 대구 등을 고향으로 하는 화자들을 대상으로 "부산에/광주에/대구에 올라가다"와 같은 표현에 대해 어떻게 생각하는지를 한동안 묻고 다녔다. 그 결과, 광주나 대구 출신의 사람들과는 확연히 다른 비율로 부산에서 나고 자란 사람들의 경우 그와 같은 표현에 대해 크게 어색하지 않게 느끼고 있음을 확인할 수 있었다. 또한 여전히 추정에 지나지 않겠으나, 부산에서 태어나 줄곧 부산 밖을 벗어나지 않고 평생을 살아온 사람들, 즉 소위 부산 토박이라고 할 수 있는 사람들의 경우에서 "부산에 올라가다"라는 말에 대해 대수롭지 않게 생각하는 경향이 더욱 뚜렷했다. 우리의 사고 방식을 언어가 그대로 반영하게 됨을 잘 보여주는 또 하나의 사례가 될 것이다.

청주에서 부산으로 올라간다니, 부산 사람이 아닌 저로서는 좀 어색합니다. 그런데 한편, 지리적으로 상하를 살피는 것도 북반구 위주의 사고가 전세계인들을 지배하고 있기 때문이란 생각이 드네요. 우리에겐 당연히 북쪽이 위고 남쪽이 아래이지만, 사실 우주에 나가서 바라본다면 동그란 지구에는 위아래가 없을 테니까요.

그런가요?. 위, 아래는 북과 남의 지리적 개념만은 아닐 거예요. 북은 위에 남은 아래에 있음을 체화하였다기 보다는 어쩌면 공간에 대한 이해에서 비롯되었을 가능성이 더 커보이네요. 머리는 위에 있고, 다리는 아래에 있고….

저도 부산 출신이라 자연스럽게 "부산에 올라갔다 왔어."라고 말을 한답니다. 부모님이 그렇게 사용하시니까 자연스럽게 익힌 것 같아요. 부산에 내려갔다 왔다 하면 뭔가 많이 어색하게 느껴집니다.

# 작명의 비밀: 위대한 순무

**12**

사람들의 참을성이 예전만하지 못해서인지, 요즘 들어 러닝 타임이 긴 영화가 드문 것 같다. 개봉한 지 20년을 이미 훌쩍 넘긴 *타이타닉*(1997)이나 1984년의 원작을 재개봉하였던 *원스 어폰 어 타임 인 아메리카*(2015)와 같이 3시간 혹은 4시간이 훌쩍 넘어가는 영화가 눈에 잘 띄지 않는다. 러닝 타임이 긴 영화하면 또 생각나는 것이 시간을 이겨내는 걸작, *바람과 함께 사라지다*(1939)이다. 그 역시 무려 4시간 가까이에 이르는 러닝 타임을 자랑한다.

사실 영화의 러닝 타임을 이야기하려던 참은 아니었다. 러닝 타임을 구실로 어쩌다 언급하게 된 세 영화의 제목이 흥미롭게 다가왔을 뿐.

1912년 빙산과의 충돌 사고로 침몰한 타이타닉호를 배경으

로 펼쳐지는 아름다운 사랑이야기 *타이타닉*의 원작은 *Titanic*이며, 갱
스터 영화의 최고봉이라 감히 말하고 싶은 *원스 어폰 어 타임 인 아메*
*리카*의 원작은 *Once Upon a Time in America*이다. 두 영화의 제목은
원작의 제목을 번역차용하지 않고 음차(혹은 음역차용)하였다는 공통점
을 가진다. 물론 서로 간 차이점도 있어서, *원스 어폰 어 타임 인 아메*
*리카*와는 달리 *타이타닉*은 고유명사 Titanic을 음차한 것인데, 가만 보
면 원어를 번역차용할 뾰족한 수가 마땅치 않았을지도 모를 일이다.
이유야 어찌되었든 타이타닉호의 침몰 사고에 대한 배경 지식이 없는
사람들, 혹은 영어를 전혀 모르는 사람들에게는 *타이타닉*이든 *원스 어*
*폰 어 타임 인 아메리카*이든 우리말 제목만을 놓고 보면 이게 무슨 말
인가 싶을 것이다. 특히 "원스 어폰 어 타임 인 아메리카"는 외계어의
조합에 지나지 않을 것이고 말이다.

*바람과 함께 사라지다*의 원작은 *Gone With the Wind*이다. 원작의
제목도 매우 훌륭하거니와 이를 직역하여 번역차용한 우리말 제목도
걸작의 명성에 손색없는 것으로 꼽혔다. 똑같은 직역이라도 "바람과
더불어 사라지다", "바람과 함께 사라졌다", "그 바람과 함께 가버렸
다"와 같이 번역하였더라면 그 맛이 확 떨어졌으리라.

내 인생 영화 중의 하나는 *분노의 역류*(1991)이다. 이 영화 역시 우리
말 제목만을 놓고 보면 무슨 내용인지 짐작하기가 어렵다. 그 원작은
*Backdraft*인데, 사실 backdraft 역시 다소 전문적인 용어여서 특별한
설명이 필요하다. 화재가 발생한 상황에서 닫혀 있던 문을 열게 되면
순간적으로 다량의 산소가 공급되어 화재의 기세가 폭발적으로 살아
나게 되는데, 이를 backdraft, 우리말로는 역류 현상이라고 부른다. 소

방관을 화제로 하여 다룬 명작 *Backdraft*가 *분노의 역류*라는 멋진 우리말 제목으로 재탄생하였던 것이다.

이렇듯 원어 제목을 우리말로 차용하는 방식에는 여러 가지가 있다. 원어의 소리 그대로를 차용하는 것이 그 하나이고, 원어의 의미를 살려 직역하는 것이 또 다른 방법, 그리고 직역보다는 소위 의역에 가까운 방식으로 원작의 내용을 감안하여 우리말 제목에 살짝 멋을 부리기도 한다.

책 제목도 마찬가지이다.

러시아의 옛 이야기로 간혹 톨스토이의 작품으로 오인되기도 하는 재미있는 이야기가 있다.

농부인 할아버지는 순무 씨앗을 심었고, 그것이 커다란 순무로 자라났다. 다 자란 순무를 수확하기 위해 할아버지는 온 힘을 다해 순무를 뽑으려 하였으나 역부족이었다. 할머니와 손녀가 할아버지를 도와 함께 순무를 뽑으려 하였으나 역시 힘에 부쳤다. 이어 강아지, 고양이, 그리고 생쥐까지 온 가족이 힘을 모았을 때 비로소 순무가 뽑혔다. 그렇게 수확한 순무를 다함께 나누어 먹으며 행복한 저녁 시간을 보냈다는 교훈 가득한 훈훈한 이야기이다.

나는 The Great Turnip이란 영어 제목의 동화책을 통해 이 이야기를 처음 접했다. 그리고 한참 후 서점에 갔다가 똑같은 이야기가 우리말로도 번역되어 있다는 것을 알았다. 그런데 아뿔싸! 동화책의 제목이 위대한 순무와 같이 되어 있는 것이 아닌가! 세상에나 무슨 번역을 이렇게나 투박하게 하였을까 못마땅한 마음이 들었다.

다행인 것은, 이 글을 쓰며 궁금한 마음에 찾아보니 위대한 순무라는 제목의 책은 이제 더 이상 존재하지 않는 것으로 보인다. 대신 요즘 번역된 책들은 거의 대부분 커다란 순무라는 이름을 달고 있었다.

그런데, 커다란 순무, 이 제목은 또한 어떠한가?

내가 순무가 무엇인지 알게 된 것은 대학원 시절, 그러니까 나이를 서른 가까이 먹어서였다. 첫 차가 생겼을 즈음인데, 운전 재미에 푹 빠져 시간이 날 때마다 여기저기 드라이브를 다니던 시절이었다. 어느새 강화도에까지 도달하여 섬을 한 바퀴 휘 돌아가던 중 눈에 들어온 표지판은 "순무 김치 팝니다"라고 말하고 있었다. 어라, 책에서나 보았던 순무가 여기에 있었네! 알고 보니 순무는 강화도에서만 재배되는 지역 특산물이 아니었던가.

다시 말해, 나는 영어로 된 The Great Turnip을 읽으면서도, 그것의 우리말 번역인 커다란 순무를 읽으면서도 정작 순무가 무엇인지를 전혀 모르고 있었던 것이다.

모르긴 몰라도 내 짐작에 대부분의 사람들은 아직도 그 당시의 나와 크게 다르지 않아 순무가 무엇인지 전혀 알지를 못할 것이다.

　*커다란 순무*라는 제목의 동화책을 볼 때마다 마음 한편에 아쉬움은 어쩔 수가 없다. 도대체 무슨 연유로 *커다란 순무*라고 번역하여 제목을 붙였을까? 순무가 무엇인지 알지도 못하는 아이들에게 *커다란 순무*라는 제목은 *원스 어폰 어 타임 인 아메리카*만큼이나 미지의 언어일 뿐인데 말이다. *커다란 무* 혹은 *커다란 배추*라고 하여도 이야기의 메시지는 그대로였을 것이고, 순무에 비해 더욱 친숙한 무나 배추를 동원하였더라면 정서적으로 더욱 가깝게 읽히는 글이 되었을 텐데 싶어 아쉬울 따름이다.

　*위대한 순무* 보다는 한결 나아진 것이니, 아니 비교가 민망할 정도로 좋아진 것이니 그 정도면 만족해야 하는 것이라고 누군가는 말할지도 모르겠지만….

교수님과 같이 생각하시는 분이 많아져서 그런지 요즘은 *The Great Turnip* 을 *커다란 무*로 번역해서 출판하는 경우도 있더라고요.

오, 그래요? 듣던 중 반가운 소리네요!

제목을 번역하는 일은 굉장히 까다로운 작업일 것 같습니다. 전체 내용을 포괄하면서 관람자나 독자의 시선을 사로잡아야 하니까요. 약간 옆으로 새는 이야기지만, 고등학교 때 *페노메논(phenomenon)*이란 영화를 보고 왜 제목이 이럴까 생각했거든요. 영화 내용은 잊었지만, 그 단어를 볼 때마다 그 영화가 떠올라요. 이 경우는 제목을 잘 만든 것일까요?

적절한 번역이 어려운 경우 음차를 하게 될 것 같습니다만, 그와는 별개로 영어로 이름을 붙이면 좀 더 근사하게 보일 것이라는 심리가 우리에게는 분명 있는 것 같습니다. 주변의 신축 아파트 이름을 둘러보면 다들 문제가 있구나 느끼실 거예요. 각종의 일상 제품들도 마찬가지죠. 영어를 비롯, 외국어를 걷어내면 남는 말이 얼마 없을 지경이에요.

SNS 프로필에는 왜 또 그렇게 영어를 많이 사용하는지…. 우리말로도 똑같은 메시지를 전할 수 있는데 싶어 신기하고, 안타깝고, 좀 우습기도 하고 그래요.

# 차를 뽑다

**13**

A: 엇! 차 뽑았나봐?
B: 아니야. 이거 새 차야.

위 대화가 어딘가 좀 이상하게 느껴지는가?
그렇다면 다음의 대화는 어떠한가?

A: 엇! 차 뽑았나봐?
B: 아니야. 이거 중고차야.

앞선 대화에 비추어 뒤의 대화는 훨씬 더 자연스럽다. "차를 뽑는다"는 표현도 재미있는데, 더욱 흥미로운 사실은 새 차나 뽑는 것이지, 중고차는 뽑는 대상이 아니라는 점이다. 뽑는 것은 또한 새 차만이 그

대상이어서, 우리는 새 옷을 뽑거나 새 신발을 뽑거나 새 집을 뽑거나 새 스마트폰을 뽑거나 새 자전거를 뽑거나 새 퀵보드를 뽑거나 새 냉장고 혹은 새 TV를 뽑거나 하지는 않는다.

다음은 제47회 한국어능력시험의 기출문제이다.

> 언니는 춤을 배웠습니다. 춤을 잘 (    ).
> ① 춥니다 ② 씁니다 ③ 탑니다 ④ 칩니다.

"춤을 쓰다", "춤을 타다", "춤을 치다"는 모두 원어민이 사용하는 표현과는 거리가 멀다. 정답은 "춤을 추다"이다.

이 기출문제를 변형하여 다음과 같이 문항을 구성해 볼 수도 있을 것이다.

> 언니는 춤을 배웠습니다. 리듬을 잘 (    ).
> ① 춥니다 ② 씁니다 ③ 탑니다 ④ 칩니다.

변형 문제에서의 정답은 ③번이 된다. 춤은 추는 대상이고, 리듬은 타는 대상인 것이다.

왜 춤을 타고 리듬을 추면 곤란하다는 것인지, 모국어로 한국어를 사용하는 소위 원어민 화자 그 누구에게 물어도 명쾌한 답변을 내놓을 이가 없을 것이다. "춤을 추다", "리듬을 타다"와 같이 어울려 함께 쓰이는 말들의 결합을 "연어(collocation)"라고 한다.

미국에 공부하러 가서 첫 한 학기 동안 한국어 교육 프로그램에서 영어 원어민을 대상으로 한국어를 가르쳤다. 그때 일이다. 한 학생에게 무언가에 대해 한참을 설명한 후 "이해가 가세요?"라고 물었더니, 그 학생이 "네, 이해가 와요."라고 답했다. 의사소통 맥락에서 학생의 발화는 온전히 기능하는 것이었다. 두 사람 사이에 그 어떤 곡해나 오해가 없었으니 말이다. 다만 "이해가 오다"라는 말은 원어민이 사용하는 자연스러운 표현의 범주에 들지 못한다는데 문제가 있었다.

연어는 모든 언어에서 나타난다. 영어의 경우 "high wind(세찬 바람, 강풍)", "severe frost(심한 서리)"는 흔히 쓰이는 표현이나, "severe wind", "high frost"는 상대적으로 그렇지 않은 식이다. 우리말의 경우라면, 피아노는 치는 것이고 기타 역시 치는 것이다. 그렇다면 치는 대상이 악기인가 싶다가도, 기타와 마찬가지로 현악기인 우쿨렐레는 정작 기타와는 달리 치는 대상이 아니니 그 용례가 참 복잡해 보인다.

연어 표현은 언어마다 다르게 나타날 수 있어, 목표어를 배우는 과정에 있어 모국어로부터의 전이로 인해 오류가 생기기도 한다. 예를 들어, 영어에서는 "give a speech", "make a speech", "deliver a speech"와 같이 표현하는 것을 곧이곧대로 번역하여 "연설을 주다", "연설을 만들다", "연설을 전달하다"와 같이 말해서는 곤란하다. 우리말의 "진한 차", "무거운 입"을 "thick tea", "heavy mouth"로 옮길 수도 없다. 피아노와 기타도 우리말에서야 치는 것이지만, 영어에서는 치는 것으로 표현되지 않는다.

특정 언어에서는 하나로 표현되는 것이 다른 언어에서는 여럿으로 분화되어 표현되는 경우도 흔하다. 영어의 "wear"는 한국어에서는 "입다(wear suits)", "쓰다(wear a hat)", "신다(wear socks)", "끼다(wear rings)", "차다(wear a watch)", "두르다(wear a scarf)", "메다(wear a bag)", "매다

(wear a necktie)", "하다(wear earrings)" 등과 같이 다양하게 나타난다. 한국어 입장에서 보자면 여러 다양한 표현이 영어에서 하나로 합해지는 것이고(coalescence, 즉 융합, 병합이라고 한다), 거꾸로 영어의 관점에서 보자면 하나의 표현이 한국어에서 다양하게 표현되는 사례라고 하겠다 (split, 즉 분열이라고 한다).

흥미로운 만큼, 아니 그 이상으로 언어는 참말로 복잡하지 않은가? 그 복잡한 언어를 인간인 이상 누구나 구사한다. 인종, 종교, 경제적 혹은 지적 수준, 사회적 신분 등과 무관하여 모든 인간은 언어를 쓸 줄 안다. 예외가 없다. 혹시 그런 점에서 인간이 위대하다고 말할 수 있는가? 글쎄…. 이건 잘 모르겠다.

교수님의 글을 읽고 생각해보니 인간의 언어는 참으로 복잡하고 다양하고 정교하네요. 언어를 쓰는 인간이 위대한가는 모르겠지만, 인간이니까 언어를 사용하는 것, 그러니 언어는 인간의 조건인가 싶습니다. 그리고 인간이 언어를 사용하지 않았다면 이만큼의 문명이 불가능했을 것임은 분명한 것 같아요!

 영어 "wear"에 대한 한국어 표현이 이렇게 많다니, 새삼 우리말의 정교함에 놀랍니다. 그런 의미에서 요즘 방송에 자주 보이는 한국어에 능통한 외국인들이 대단하게 느껴지기도 하네요.

선생님의 말씀을 들으니 제 메시지가 오해될 수 있을까 싶어 댓글 답니다. 제가 전하고자 하는 뜻은 한국어의 정교함이 아니었습니다. 인간이 사용하는 말 자체는 복잡하고 정교합니다만, 특별히 한국어라고 하여 더욱 복잡하고 더욱 정교한 것은 아닙니다.

국어 교육의 문제인 것인지, 우리 국민성의 문제인 것인지, 한국어가 특별한 언어라는 편협한 인식이 많이 퍼져 있는 것 같습니다. 한글이 특별하고 우수할 수는 있겠으나, 한국어는 세상의 많은 언어 중의 그저 하나일 뿐입니다. 흔하게 드는 사례로, 노란색을 표현하는 한국어 표현이 많다면서 (노랗다, 노르스름하다, 누리끼리하다, 노리끼리하다 등등), 한국어에 색깔 표현이 풍부하다는 이야기를 많이들 들어보셨을 겁니다. 미안하지만, 다른 언어도 모두 마찬가지입니다. 영어에 색깔 표현이 얼마나 많은지 아시고 나면 까무러치실 겁니다. 한국어의 우수함을 이야기하는 것은 국수주의적 생각에 지나지 않습니다. 한국어를 비롯한 이 세상의 모든 언어가 우수한 것이고, 그렇게 복잡하고 정교한 언어를 인간인 이상 누구나 배워 사용할 수 있다는 것이 신비로운 지점이 아닐까 합니다.

# 철갑을 두른 듯한 소나무가
# 자리 잡은 남산

**14**

외국의 이름난 도시들의 경우 주로 평야지대에 위치하여 둘러봐도 제대로 된 산을 찾아보기가 쉽지 않다. 애리조나 대학교에 보름 정도 방문할 일이 있었는데, 대학이 위치한 투산(Tucson)이란 도시 역시 눈에 띄는 큰 산이 없었다. 현지 사람들이 즐겨 찾는다는 "A" Mountain이란 닉네임의 산이 하나 있었을 뿐이었는데, 우리로 치면 마을의 뒷동산 같은 느낌이었다. 산이라 할 만한 지형이 오죽이나 없었으면 저런 작은 동산에도 "A" Mountain이란 이름을 붙였을까 생각하였다.

한편, 바다보다는 산을 훨씬 더 좋아하는 나로서는 다른 도시가 아닌 하와이 호놀룰루에서 유학을 하였던 것이 큰 행운이었다. 다행히도 다른 도시들과는 달리 호놀룰루를 비롯하여 하와이 곳곳에는 멋들어진 산들이 넘쳐났고, 나는 유학하는 동안 그런 산들을 바다 이상으로 즐겨 찾았다. 대학 소재지인 작은 섬 오하우의 등반코스 100곳을 소개하는 책자도 늘 내 손 안에 쥐어져 있었다. 하와이를 두고 왠 산타령인가 의아하게 여기는 사람들도 있겠지만, 하와이의 진정한 아름다움은 바다가 아닌 산에 있다고 생각한다. 우리나라의 산이 세월의 무게에 눌려 부드러운 능선의 동글동글한 모양새를 가지게 되었다면 하와이의 산은 젊고 웅장하며 성난 살쾡이가 날카로운 발톱으로 생채기를 낸 듯 계곡이 깊고 날카롭다. 스필버그의 역작 *쥬라기공원* 1편은 물론, *킹콩*, *고질라* 등 많은 영화작품들이 태곳적 신비를 담은 하와이의 산을 배경으로 하고 있다. 험준한 산세로 인해 사고도 다반사로 일어난다.

나 역시 길을 잃고 몇 시간 동안이나 산속을 헤맸던 경험이 있다. 어디로든 쭉 내려가면 바다와 만날 것이라고 생각을 하면서도 이러다 정말 큰 일을 당하는 것은 아닌가 싶어 무척 두려웠다.

한국이 아름다운 것은 산이 많기 때문이라고 생각한다. 거대 도시 서울만해도 산이 참 많다.

관악산은 대학 시절 학교 바로 뒤편에 위치하여 심적으로 늘 가까운 산이었고 실제로도 열몇 번은 올랐을 것이다. 북한산은 전국 22개 국립공원 중의 하나로 빼어난 경관을 자랑하는 산이다. 서울에 있는 산 중 높이가 가장 높고(해발 837m) 험하며, 백운대, 인수봉, 만경대 등의 봉우리가 유명하다. 산이 무섭다는 생각이 별로 없던 시절, 눈발 날리는 북한산에 뭐하나 제대로 갖추지 않고 올랐다가 낭패를 보았던 기억이 생생하다. 도봉산은 북한산과 더불어 국립공원에 포함된 아름다운 산이다. 바위산이라서 암벽등반의 성지라 할 수 있으며, 그래서인지 전국에서 사망사고가 가장 빈번한 산이라고도 들었다. 군 복무 시절 자주 찾았던 수락산도 참 아름답다. 그 시절엔 하산하며 막걸리 한 잔하는 재미가 특히 좋았다. 그 외에도 청계산, 아차산, 인왕산, 개운산, 응봉산, 북악산, 구룡산, 대모산 등 지금 당장 생각나는 산 이름만해도 꽤나 많다. 그 중 일반인들에게 "서울"하면 어떤 산이 가장 먼저 떠올려질까?

어느 온라인 커뮤니티에서 서울을 대표하는 산에 대해 갑론을박이 있었고, 두 개의 산이 후보로 올랐다. 북한산이 그 하나, 다른 하나가 남산이었던 가운데 근소한 차이로 남산이 우위를 보였다.

서울 남산의 높이는 해발 262m에 불과하다. 도보로도 큰 힘들이지 않고 팔각정까지 금세 오를 수 있다. 이를 등산이라고 하기에는 어딘지 민망하여 산보라는 말이 더욱 어울린다. 어린 시절 남산타워(지금의 N서울타워)와 남산식물원(지금은 철거되어 없다) 앞에서 찍은 사진이 몇 장 남아 있는데, 시골에 살던 내가 서울의 외가를 찾아 친척들과 함께 남산에 놀러를 갔던 모양이다. 그렇게 남산은 산이라 이름이 되어 있을 뿐, 예나 지금이나 네댓 살 어린 아이에게도 너끈한 관광명소이다. 그런데도 사람들은 서울을 대표하는 "산"으로 남산을 우선 꼽았다.

서울을 대표하는 산으로 어찌하여 남산을 먼저 떠올렸는가 하니 가장 흔하게 언급된 이유가 "남산 위에 저 소나무 철갑을 두른 듯"과 같이 시작하는 애국가 2절의 노랫말이었다. 애국가에 떡하니 등장하는 남산은 동해, 백두산과 더불어 대한민국을 상징하는 대표적인 지형으로 사람들의 마음 속에 굳건히 자리를 잡게 된 것으로 보인다.

애국가는 사실 누구에 의해 작사가 되었는지 확실치가 않다. 작사가를 알 수 있었다면 노래에 등장하는 남산의 실체에 대해 조금 더 추론해 볼 여지가 있었겠지만, 실상은 그렇지가 못하여 철갑을 두른 듯한 소나무가 자리 잡은 남산이 서울의 남산이라는 명확한 증거가 사실상 부재하다. 유명한 남산으로는 경주의 남산도 있다. 또한 남향의 우리 나라 가옥 구조를 생각해 보면 남산이란 집 앞의 산, 즉 앞산의 의미를 가지게 될 것이고, 그렇게 보자면 전국에 있는 수많은 앞산이 사실상 남산의 후보가 될 수 있다. 즉, 여느 동네에나 존재하는 앞산 혹은 남산에는 흔하게 소나무가 자라며 그것이 우리 민족의 기상을 상징하고 있다는 노랫말이 애국가 2절의 내용일 수 있다.

"배가 남산만 하다"는 임신부의 배가 부름을 비유적으로 이르는 말이다. 여기서 등장하는 남산이 서울의 남산일리 만무하다. 출산을 앞둔 여성의 배가 흔히 보이는 우리 동네 앞산의 둥그런 모습과 흡사하다는 뜻으로 해석하는 것이 더욱 타당해 보인다. 남산이 동네 앞산의 의미일 수 있음을 시사한다.

그런데 이렇게 따져봐야 애국가 노랫말 속의 남산이 정확히 어떤 산을 의미하는 것인지에 대한 고민은 사실상 그다지 중요한 것이 못된다. 일반 대중들은 서울을 대표하는 산이라고 하면 중구와 용산구에 걸쳐 있는 나지막한 남산을 먼저 떠올리고, 그와 함께 남산의 어딘가에 늠름하게 자리잡고 있을 마치 철갑을 두른 듯한 소나무를 자동적으로 연상하기 때문이다. 말이란 본디 그것의 실체가 무엇이냐 보다는 사람들에게 어떠한 의미를 가지게 되느냐가 훨씬 더 중요한 것이라고 하겠다.

저는 어린 시절에 과천에 살았는데 관악산 입구가 집에서 멀지 않았어요. 언니랑 둘이 과자 한 봉지를 들고 산에 가서 먹고 올 정도로 산이 가까웠답니다. 그러고보니 그 당시 학교 교가에 "관악산 정기 받아…."가 있었던 것 같아요. 관악산이 어느 산인가는 분명한데, 애국가 속 남산은 그렇지가 않네요.

얼마전 웬만한 책들은 처분하려고 책꽂이 정리를 한 적이 있어요. 그런데 많은 책들 가운데서 제가 읽고 메모를 달아두거나 손때가 묻은 책들은 못 버리겠더라고요. 결국 새 책, 읽지 않은 책들은 중고서점으로 가고, 진짜 헌책, 제가 읽어서 찐 중고가 된 책들은 제 책꽂이에 남았답니다. "실체보다 의미가 중요하다."는 대목에 공감합니다.

# 범주(category)

인간은 세상의 삼라만상을 범주를 통해 이해한다. 생후 4개월부터 시작하여 평생에 걸쳐 무의식적으로 수행해 온 범주화(categorization) 작업의 소산이다. 하나의 범주에 속하는 일단의 무리들은 비슷한 성질을 공유한다. 그 무리들 중에는 범주의 속성을 잘 드러내어 순도 높은 등급의 멤버십을 가진 것이 있고, 해당 범주에 두는 것이 과연 적절할 것인지 고민이 필요한 것들도 있다. 이때 전자의 멤버에 대하여 해당 범주와 관련하여 전형성(prototypicality)이 높다고 말한다. 전형성의 정도가 높은 멤버는 범주의 중심에 위치하게 되고, 범주의 가장자리에는 상대적으로 전형성의 정도가 낮은 멤버들이 자리잡는다. 즉, 특정 멤버가 중심으로부터 떨어진 거리와 그것이 보이는 전형성의 정도는 상호 간 반비례의 관계를 가진다. 범주의 이러한 속성을 묘사할 때 등장하는 용어가 "radial(방사상의, 중심에서 사방으로 퍼지는)"이다. 한편, 하나의 범주와 인근의 다른 범주 간의 구분이 언제나 명쾌한 것은 아니다. 그래서 범주의 특성을 논할 때 "fuzzy(애매한, 불분명한)"라는 말도 빼놓을 수 없다.

# 범주, 범주화

**15**

이제 막 태어난 인간의 존재는 나약하기 짝이 없다. 그의 앞에 펼쳐진 세상은 한없이 복잡할 따름이며, 인류가 축적해온 지식의 방대함은 그에게 위압감을 주기에 충분하다. 다행인 것은 인간으로 태어난 이상 결국은 세상의 복잡함에 대해 체계적인 이해를 갖추게 될 것이며, 앞서 축적된 지식을 익히고 활용하는 것은 물론 더 나아가 새로운 지식을 스스로 창출하는 수준에까지 이르게 될 것이라는 엄연한 사실이다. 이에 특별히 긴 시간이 소요되는 것도 아니고, 과정과 결과에 있어 큰 예외라 할 만한 것도 없어 보이니 인간은 본디 크게 축복받은 존재임에 틀림없다. 과연 인간은 어떠한 방식으로 세상에 대한 이해를 구하고 지식을 익히게 되는 것일까?

암기, 추론, 분석, 유추, 추상화를 비롯하여 다양한 학습 기재 중 내가 주목하는 것은 범주화(categorization)이다.

아이는 생후 4개월이 되면서부터 주변 사물에 대한 범주화 과정을 시작하는 것으로 알려진다. 그에게 있어 범주화는 가장 강력한 학습의 수단이다. 그가 경험하는 모든 것이 새롭기만 한 상황에서 범주화라는 기재가 없다면 세상은 아이에게 끔찍한 공간이 되고 말 것이다. 매일 매순간 마주하는 대상들이 독립적으로 이해되고 기억되어야 할 테니 말이다. 그러나 다행히 아이는 범주화에 능한 존재이다.

나를 어르고 웃음을 지어 보이는 엄마를 알고 또 아빠를 알게 되면 두 사람을 나의 부모라는 범주의 틀에서 이해한다. 가족이라는 확장된 범주에 대한 이해가 완성된 연후엔 가족이 아닌 사람이 나에게 말을 걸거나 나를 안아 올리려고 하면 자연스레 울음이 난다.

밖에 산책을 나갔더니 네 발 달린 동물이 눈에 들어온다. 그것을 엄마는 멍멍이라 이른다. 엄마의 언어 자극 덕분에 나는 발이 네 개인 동물을 모두 멍멍이라는 범주에 두고 이해한다. 그것의 실제가 고양이이든 말이든 혹은 곰이든 말이다. 성인의 관점에서 보자

면 과잉일반화(overgeneralization)의 결과가 될 것인데, 범주화의 부산물인 과잉일반화의 과정이 없다면 세상에 대한 체계적인 이해의 구축이란 애당초 가능하지 않은 일이 된다.

부모를 비롯하여 내가 자주 마주하게 되는 가까운 사람들은 다양한 감정을 노출한다. 이때 그 다양한 감정들도 범주를 통해 이해되고 학습된다. 즐거운 감정과 행복한 감정은 상호 비슷한 속성을 보이는 반면, 슬픈 감정과는 다르다는 것을 이해하게 된다. 감정의 범주들을 알

게 되면서 비로소 상대방의 감정을 제대로 이해할 수 있게 된다. 또한 그를 통해 다른 이와 상호작용하는 법도 점차 깨닫게 된다.

내가 범주에 주목하는 이유는 여러 층위에서의 언어 학습도 종국에 가서는 범주와 범주화의 틀에서 이해할 수 있지 않을까 하는 기대 때문이다. 예를 들어, 한국인과 일본인의 경우 [l]과 [r]의 구분을 어려워 하는 것으로 알려져 있다. 이것은 한국어와 일본어에서 [l]과 [r]이 독립된 범주를 구성하고 있지 못하기 때문에, 한국어와 일본어 화자가 그에 대한 유의미한 경험을 체득할 수 없기 때문인 것이라고 설명할 수 있다. 연어(collocation) 관계, 즉 어떤 말과 또 다른 어떤 말이 특별히 잘 어울리곤 하는 현상도 해당하는 말들이 하나의 범주를 구성하느냐 그렇지 못하느냐의 문제로 귀결된다. 일례로, a high boy는 하나의 범주를 이루지 못하여 쓸 수 있는 말이 아니지만, a tall boy는 능히 하나의 범주를 구성하게 되어 적절한 표현이다. 더 확장하여 담화(discourse) 단위에서도 범주화의 기재가 작동한다. 그리하여, 내가 누군가를 칭찬하면 상대방의 일반적인 반응은 감사의 표시로 나타난다. 칭찬과 감사표하기가 하나의 범주를 이루게 된다는 뜻이다. 이에 비해 칭찬을 전했는데 상대방이 화를 내며 반응하였다면 이는 우리가 일반적으로 경험하는 범주의 틀에서 벗어나는 일이 된다. 따라서 화자는 무엇인가 잘못되었음을 인지하고 상황을 새로운 눈으로 바라보게 된다. 나는 칭찬으로 한 말이 칭찬으로 전달이 되지 않았는지, 칭찬받아 마땅하다고 생각한 것이 알고 보니 듣는 이에겐 그렇지 못한 무엇이었는지 등, 상황에 대한 이해를 뒷받침할 근거를 찾아 나서게 된다. 언어 습득과 언어 처리의 모든 과정은 이렇듯 범주라는 개념과 범주화라는 학습 기재에 의해 설명해 볼 수 있는 것이다.

예전에 인지언어학 시간에 읽은 내용 중에, "If linguistics can be said to be any one thing, it is the study of categorization (Labov, 1973)"이 있었어요. "만일 언어학을 어느 하나로 말할 수 있다면, 그것은 범주화(분류)의 연구이다"는 뜻이 맞겠죠. 이 글을 읽고 나니 그 의미가 조금 더 와 닿습니다.

라보브의 말은 언어학적 범주화, 즉 언어 자원의 범주화를 말하는 거네요. 확 와 닿는 예로 음성 기호의 범주화, 어디까지가 /l/이고, 어디까지가 /r/인지 등···. 뭐 크게 다르지는 않습니다만, 제가 말씀드리는 것은 언어 지식과 사용 측면에서의 범주화이고요.

어린아이들이 어른보다 범주화 혹은 (과잉)일반화를 더 능동적으로 사용하며 언어를 습득한다고 말할 수 있을지 모르겠습니다. 인지언어학에서는 어린아이들이 언어를 덩어리로 인지하고 습득하고 자동화할 수 있다고 하는데, 이러한 (과잉)일반화가 어린 학습자들로 하여금 언어를 효과적으로 습득할 수 있게 하는 하나의 방법인가 싶습니다.

범주화가 어린아이의 주요 학습 기재는 맞습니다만, 범주화라는 기재가 언어 습득에도 적용될 수 있을 것이라는 것은 제 가설에 지나지 않습니다. 다른 문헌에서 그런 이야기를 찾아보지는 못했습니다. 물론 저는 그렇게 믿고 있습니다만···.

# 멤버십과 전형성

**16**

범주화(categorization)는 개별 사례들이 공유하는 공통적인 특징을 포착하여 그것들을 하나의 틀로 묶어 이해하는 과정을 이른다. 따라서 어느 한 범주에는 동일한 성질을 가진 부류나 범위가 포함된다. 예를 들어, "새"라는 범주에는 까치와 참새를 비롯하여 기러기와 갈매기, 그리고 펭귄과 타조가 포함된다. 까치, 참새, 기러기, 갈매기, 펭귄, 타조는 동일한 성질을 공유하여 "새" 범주의 멤버십을 부여 받기에 충분한 자격을 가지는 것이다. 이때 "새"의 해당 사례들이 공유하는 공통의 특징은 무엇인가?

① 날 수 있다.
② 날개가 있다.
③ 부리가 있다.
④ 다리가 두 개다.

우선 네 개의 선지 중에 ①번은 오답이다. 열거한 사례들 중 펭귄과 타조는 날 수 없기 때문이다. 그에 비해 나머지 ②, ③, ④는 모두 정답이어서, 열거한 사례들은 날개와 부리, 그리고 다리를 두 개 가진다는 속성을 공유한다. 그렇다면 ②, ③, ④는 모두 등가의 가치를 가질까?

이에 대한 답변은 "그렇지 않다."이어서, "새"라는 범주를 이해하는 데 있어 어느 하나의 속성이 다른 두 가지의 속성에 비해 더욱 유의미한 기여를 하게 된다. 그것이 무엇일까?

먼저 "날개가 있다"는 "새" 범주를 이해하는데 있어 크게 도움이 되지 못한다. 날개가 있지만 새라고 말할 수 없는 비행기가 우리의 배경지식으로 크게 자리 잡고 있기 때문이다. 날개가 있지만 새가 아닌 잠자리, 파리, 나방 등의 곤충류도 고려해야 할 일이다.

다음으로 "다리가 두 개"라는 것도 "새" 범주에 대한 이해에 기여하는 바가 그다지 크지 않다. 당장 인간만 해도 다리가 두 개이지만 새가 될 수는 없다. 안경도 다리가 있는데, 안경다리가 두 개이니 "안경은 새이다"와 같은 명제를 성립시킬 수 없는 노릇이다.

"부리가 있다"는 "새"를 이해하는 데 있어 가장 유의미한 속성이다. 부리가 있는 것 중에 새가 아닌 것을 찾아보기 쉽지 않으며, 모든 새가 공통적으로 부리를 가지고 있을 것이기 때문이다. 따라서 "새"라는 범주를 이해함에 있어 "부리가 있다"는 신뢰도(reliability)가 가장 높은 단서(cue)가 된다.

한편, 까치, 참새, 기러기, 갈매기, 펭귄, 타조는 모두 날개와 부리, 그리고 두 개의 다리를 가지고 있어 "새"라는 동일한 범주 안에 속하지만, 그렇다고 그것들이 범주 내에서 동일한 지위를 가지는 것은 아니다. 나의 세상 지식에 따르자면 까치와 참새의 지위가 나머지 사례들의 지위에 비해 견고하여 "새" 범주의 중심부에 위치한다. 그에 비해 펭귄과 타조는 새로서의 지위가 견고하지 못하여 "새" 범주의 주변부에 위치한다. 이때 범주의 중앙에 위치하는 사례들이 주변부에 위치하는 사례들에 비해 전형성(prototypicality)이 높다고 말한다. 그리하여 "새"의 구체적인 사례를 말해보라 하였을 때 전형성이 높은 까치나 참새가 전형성이 낮은 펭귄이나 타조에 비해 먼저 떠올려질 가능성이 높다.

특정 범주의 전형에 대한 이해는 여러 요소에 의해 영향을 받는다. 빈도(frequency)가 그 중의 하나이어서, 어떤 특정 사례에 빈번히 노출된 경우 해당 사례의 전형성은 비례하여 높아진다. 신근성 효과(recency effect)도 고려해야 할 것이, 가장 최근에 노출된 것의 전형성이 상대적으로 높기 마련이다. 현저성(salience)도 중요하다. 강렬한 인상의 사례는 그만큼 전형성이 높다. 유치원에 다니는 아이들에게 인기 있는 동물하면 빠지지 않는 것이 기린이나 코끼리인데, 아이들이 기린과 코끼리를 주변에서 쉽게 마주칠 수 없음을 고려할 때 흥미로운 사실이 아닐 수 없다. 기린과 코끼리가 가지는 강렬한 인상에서 그 이유를 찾아야 옳다. 기린과 코끼리의 긴 목과 긴 코 그리고 그들의 커다란 덩치는 두 동물에 대한 강렬한 인상으로 연결되며, 이것이 "동물"로서의 기린과 코끼리의 전형성을 높이게 된다.

한편, 빈도, 신근성, 현저성의 세 가지 요소에 대한 고려는 결국 인간 경험의 중요성이라는 공통의 문제로 귀결된다. 얼마나 빈번히 경험하느냐, 그 경험이 얼마나 최근의 것이고 또 얼마나 도드라지는 것이냐에 따라서 범주를 이루는 개별 사례들에 대한 이해가 달라질 수 있는 것이다. 그래서 나는 "새"라고 하였을 때 까치와 참새를 먼저 떠올렸지만, 누군가에겐 "펭귄"이 먼저 떠올려질 수도 있다. 누가 옳고 누가 그름의 문제가 아니라 두 사람의 세상에 대한 경험, 그로부터의 세상에 대한 이해가 다를 수 있다는 뜻이다. 또 한편, 개개인의 경험이 공동체의 문화를 구성하게 됨을 생각해 보면, 범주, 멤버십, 전형성에 대한 이해는 또한 문화에 따라 달라지게 됨을 쉽게 이해할 수 있다. 그래서 예를 들자면, 중국 사람들은 "새"를 대표하는 전형성이 높은 사례로 우리와는 달리 하얀 비둘기를 가장 먼저 떠올리곤 한다.

예전에 의미론 수업을 들었을 때, 교수님께서 수업 중 하신 첫 번째 질문이 '새가 뭡니까?'였어요. 당시 앞자리에 앉은 저를 지목하시어 제가 답을 해야 하는 공포의 순간이 되었지요. 변변치 않은 답변을 하고나서 곰곰이 생각해보니, 깃털이 있고 부리가 있는 것이 새라는 생각이 들더라고요. 그리고는 새를 가볍게 만드는 해부학적 특성들도 떠올랐습니다. 범주가 정교해질수록 언어도 세상에 대한 이해도 발전하는 듯합니다.

멤버십, 전형성 그리고 범주화가 모두 관련이 있네요! 제가 수강한 다문화 이해 수업에서는 우리 사회에는 문화적 다양성이라는 아름다운 말로 포장하기 어려운 "멤버십"의 문제가 있고, 그 이면에는 자원의 배분과 같은 경제적 요인이 크게 자리한다는 논의가 있었어요. 인간 세상의 범주화에는 생각보다 많은 복잡한 요인이 작용하는가 싶습니다.

다문화와 제가 이야기 드린 범주화라….
그래요. 다문화, 다인종 관련해서도 여기에서 제시해드린 키워드들이 그대로 적용될 수 있겠군요. 불편하면서도 엄연히 존재하는 이슈가 되겠습니다. 한편, 어디 우리 사회만의 문제이겠습니까? 영국이나 미국 등 서방 선진국의 경우 인종 차별을 다른 무엇보다 민감한 이슈로 다룹니다. 어떤 이슈든 그와 같이 대놓고 이야기하는 사회가 알고 보면 해당 이슈와 관련하여 가장 곪아 있는 법. 더욱 큰 갈등으로 붉어지기 전에 좋은 해법들을 마련해 볼 수 있으면 좋겠다 싶습니다.

# 사랑과 우정 사이

**_17_**

1992년 그룹 피노키오는 "사랑과 우정 사이"라는 공전의 히트곡을 내놓았다. 그 시절 나는 "사랑과 우정 사이"를 목이 터져라 불렀다. 지금은 쉬이 소환되지 않을 청년 시절 특유의 감성으로 가사 하나하나에 공감하였다.

노래 중간의 가사는 다음과 같다: "사랑보다 먼 우정보다는 가까운 날 보는 너의 그 마음을 나는 떠나리…" 나에 대한 너의 마음이 사랑과 우정이라는 두 감정 사이 어디쯤에 위치한다는 말이다. 어찌할 도리 없는 참으로 안타까운 상황이 아니던가. 청춘남녀들이라면 누구나 한 번쯤 겪어보았을 법한 그 애매한 감정의 굴레.

사랑과 우정은 감정이라는 상위 범주에 속하는 두 가지의 하위 사례들이다. 이때 감정과 사랑, 감정과 우정은 각각 상위어(superordinate)-하위어(hyponym)의 관계를 이룬다. 그리고 사랑은 다시 독립적인 범주를 이루고, 우정 역시 그 나름의 독립적인 범주를 구성한다.

마치 "새" 범주에서 전형성이 높은 예시로 까치나 참새를 떠올려 볼 수 있듯, "사랑"이란 범주에서도 전형성이 높은 사례를 생각해 볼 수 있다. 자식에 대한 부모의 무조건적인 내리사랑과 같은 것 말이다. "우정"의 범주에서도 마찬가지로 전형성이 높은 사례가 그 중심부를 차지한다. 이때 각 범주의 중심부에서 주변부로 나아갈수록 전형적인 "사랑"과 전형적인 "우정"에서 점차 거리가 멀어진다. "사랑"의 가장자리에는 그것이 사랑인지 무엇인지 모를 감정이, "우정"의 가장자리는 그것이 우정인지 무엇인지 모를 감정이 자리한다. 무언지 가늠하기 어려운 그것이 바로 "사랑과 우정 사이"에 자리를 잡은 감정이다.

인접하는 범주와 범주는 이렇듯 그 경계가 모호하다는 특징을 가진다. "경계의 모호성(fuzziness of the boundary)"은 범주를 논함에 있어 꼭 기억해야 할 중요한 특징이다.

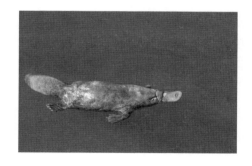

"Platypus"는 우리말로 "오리너구리"이다. 오리너구리는 물갈퀴와 부리를 가졌기에 조류인 오리를 닮았으며(사실 오리너구리의 부리는 머리뼈의 연장이다), 몸은 마치 너구리를 닮았다. 조류처럼 알을 낳는데, 알에서 태어난 새끼는 또 포유류와 같이 어미젖을 먹는다. 이와 같이 생김새며 생태가 애매모호한 동물에 대한 우리말 이름으로 "오리너구리"는 "오리"의 범주와 "너구리"의 범주 사이에서의 줄타기를 통해 탄생한 것으로 기막힐 정도로 훌륭하게 뽑혔다.

두 돌 무렵의 아들은 "불"을 좋아했다. 형광등의 불빛을 좋아했던 것인데, 놀아 달라며 보채는 와중에도 "불!"이라고 말하면 형광등을 올려다보며 웃었다. 아이와 딱풀로 색종이 붙이는 놀이를 하던 중, 딱풀이 무엇인지 가르쳐줄 요량으로 "이것은 풀이야!"하고 말했다. 그에 대한 아이의 반응은 참으로 놀라웠다. 곧바로 형광등을 올려다보며 "불"에 대한 언어 자극에 대해서와 동일한 반응을 보이는 것이 아니겠는가!

우리말에서는 "불", "풀", "물"이 음성학적으로 제각기 다른 범주를 이룬다. 그에 비해 영어의 경우에는 세 단어가 모두 동일한 범주에 있다. 그래서 영어 원어민의 경우에는 세 단어를 구별하여 듣지 못한다. 언어의 발달 과정 측면에서 보자면, 적어도 해당 세 단어의 경우에는 영어에서 출발하여 우리말로 나아가는 과정을 따르는 것이라 생각해 볼 수 있다. 영어에서처럼 하나의 범주에 혼재해 있던 "불", "풀", "물"이 언어에 대한 풍부한 경험을 바탕으로 제각기 독립된 범주를 형성해 나아가게 되는 것이다.

미국에서 오신 영어 원어민 선생님이 한국어를 배우셨을 때 일화가 생각납니다. 한국어로 "가다", "간다", "가요", "가", "갑니다" 등이 비슷하지만 차이가 있는 것 같은데, 구체적으로 그 차이가 정확히 무엇인지 들을 때마다 헷갈린다고 하셨어요. 저는 한국어 화자라 문제 없이 쓰던 것을 미국인 선생님에게 설명을 하려니 이런 어미들의 사용을 구분 짓기가 참 어려웠습니다.

 저도 최근까지도 사랑과 우정에 대해 고민하던 시간이 있었지요. 이 나이에 흑흑…. 그 애매모호함은 늘 우정으로 막을 내리더군요. 두 범주에 확실한 선을 그어 줄 사랑을 기다립니다.

응원합니다!
사랑의 감정을 예로 들어 이야기했지만, 참새나 오리너구리와에 비해 사랑이란 말은 더욱 이해가 어려운 것 같습니다. 사랑의 유동성 때문인데요. 특히 남녀 간의 사랑은 다른 감정과 쉽게 얽히고설키며 그 본질이 무엇인지 알기가 참 어려운 것 같습니다. 한때 유행했던 광고 카피에서 사랑은 움직이는 것이라고 정의하잖아요. 개인적으로 아주 훌륭한 정의라고 생각합니다. 다른 감정들과 뒤섞이며 시시각각 움직이는 모습으로 나타나는 사랑의 본질을 잘 포착했던 것 같더라고요.

 결국 비슷한 사례들이 모여 있을 때 "경계의 모호성"이 분명 있겠어요. 유사성은 범주화를 가능하게 하여 학습의 수고를 덜어주기도 하고, 모호한 것들 사이에서 다시 서로 다른 특질을 변별해내는 것이 학습의 과정이겠네요. 언어 습득 과정에서 학습자는 과잉일반화를 통해 범주화를 하기도 하고, 점차 각각의 요소를 변별하거나 대치 또는 결합해 나가면서 언어를 익혀 나가는 것이 아닌가 하는 생각이 들어요.

# 개명의 비밀:
# 미호천을 미호강으로!

**18**

    내가 근무하는 한국교원대학교의 소재지는 충북 청주시이다. 특수목적대학으로 교육과 관련하여 중요한 기능을 담당하고 있는 교원대는 그 위상에 비해 인지도가 낮은 편이어서, 인지도를 제고하는 방안을 구상하는 것이 학교가 직면한 중요한 과제 중의 하나로 여겨지곤 한다. 뭐 사실 나만 해도 교원대에 부임하기 전에는 학교의 소재지가 청주라는 사실을 모르고 있었으니까.

    그런데 내가 교원대에서 교수 생활을 시작한 2009년으로 되돌아가 보자면, 교원대의 소재지는 엄밀히 말해 청주시가 아닌 청원군이었다. 교원대가 청주시에 소재한 대학이 된 것은 2014년 7월, 청주와 청원 간의 통합이 이뤄진 시점에서부터였다. 청원군이 청주시를 마치 도넛 모양으로 둘러싸고 있기도 했거니와(청원군청은 청원군이 아닌 청주시에 위치하고 있었다), 두 지자체의 상생 발전을 위해서 통합이 꼭 필요하리라는 주장이 오랫동안 제기되어 왔다. 그러나 그 구체적인 논의와 시도는 난항을 거듭하여 앞서 세 번의 실패를 겪어야만 했다. 그리고 마침내 2012년, 네 번째 주민투표를 통해 통합 찬성이라는 극적인 결과가 도출되었다.

결국 2014년 7월에 이르러서야 학교의 소재지를 묻는 질문에 대해 "청주시"가 유효한 답변이 될 수 있었던 것인데, 사실 난 그 이전부터도 청원군을 굳이 밝히지 않고 청주시에 학교가 있다고 대답을 하고 다녔다. 귀찮아서였다. 청원군을 생경해하는 사람들에게 추가적인 설명이 필요한 일이었기에.

통합청주시의 출범으로 온 도시가 시끌벅적한 시기에 내 눈길을 잡아 끄는 신문기사가 있었다. 미호천을 미호강으로 바꿔 부르자는 내용의 기사인데, 포털사이트를 조금만 검색해 보아도 여전히 관련 내용이 빼곡히 쌓여 있다.

미호천(美好川)은 충북 음성에서 발원하여 청주를 지나 금강으로 합류하는 물줄기로 청주시 입장에서 그 중요성이 크다. 서울의 한강이나 부산의 낙동강처럼 말이다. 청주의 미호천을 처음 알게 되었을 때 그 이름이 예쁘다는 생각을 했고, 근처를 실제 지나면서는 생각보다 그 규모가 제법 크다는 사실에 놀랐다.

그런 미호천을 미호강으로 불러야 한다는 주장을 담고 있는 신문기사였다. 그런데 알고 보니 그러한 주장은 이미 한참 전부터 이어져오던 것이었다. 천의 규모가 웬만한 강에 못지 않다는 것이 그 근거였다. 미호천의 "천(川)"은 우리말로 "내"가 되는데, 내는 시내보다는 크고 강보다는 작은 규모의 물줄기를 가리킨다. 여느 강과 견주어도 손색없

는 그 당당한 위용을 고려할 때 미호강이 더욱 적절한 명칭이라는 주
장이었다. 거기에 통합청주시의 출범이라는 이벤트가 기폭제가 되어,
인구 84만명의 거대 도시의 위상에 걸맞게 물줄기의 이름을 미호강으
로 "격상"하여 부르자는 뜻도 담겼다.

비용이 좀 들 수는 있겠으나 마음만 먹는다면 미호천을 미호강을 바
꿔부르는 것이 사실 그렇게 큰일은 아니라고 하였다. 그런데 그렇듯
간단할 수 있는 일이 이 글을 쓰고 있는 지금의 시점까지도 미완의 과
업으로 남아있는 것을 보니 말처럼 그리 쉬운 일만은 아닌가 보다.*

우리는 여러 가지 이유로 개명을 한다. 도대체 부모들이 무슨 정신
으로 작명을 하였을까 의아하게 만드는 괴상하다 싶은 이름들을 가진
사람들이 생각보다 많다. 살아가며 이름으로 인한 불편한 시선을 피하
기 위해 그들은 개명을 한다.

대학의 학과들 역시 곧잘 개명을 한다. 학과 간판을 바꿔달아 학생
들의 시선을 잡아끌고자 하는 이유에서이다. 다소 촌스럽거나 예스러
워 취업이 잘 안될 것만 같은 인상의 학과명을 하루 아침에 세련된 것

---

* 몇 년에 걸쳐 지속적으로 올라오는 관련 기사들 몇 개를 뽑아보았다. 제목만으로도
주장하는 바가 무엇인지 알 수 있다.
2017.05.17, 뉴데일리: 상생의 젖줄 미호천, 미호강으로 다시 태어나다(https://
cc.newdaily.co.kr/site/data/html/2017/05/17/2017051700054.html), 2020.11.17,
중부매일: 일제 잔재 "미호천"의 진짜 이름은…(http://www.jbnews.com/news/
articleView.html?idxno=1314781), 2021.01.27, 세종경제뉴스: 미호천, 이
제 미호강이랑 불러다오(https://www.seenews365.com/news/articleView.
html?idxno=40714), 2021.11.30, 한겨레: "만경강·태화강보다 크다"…충북 미호
천→미호강 격상 추진(https://www.hani.co.kr/arti/area/chungcheong/1021403.
html), 2022.04.03, 경향신문: 미호천(川), "강(江)"으로 바뀔까…충북도, 명칭 변
경 본격 추진(https://www.khan.co.kr/local/Chungbuk/article/202204031152001)

으로 바꾼다. 그와 같은 개명이 대학 입시에서의 지원율 상승으로 이어졌다는 흥미로운 이야기도 심심치 않게 들린다.

미호천을 미호강으로 개명하자는 주장에서는 역사와 규모에 비해 아쉬운 수준인 청주의 도시 경쟁력을 제고하고자 하는 뜻이 읽힌다. 다만 법원의 복잡한 심사 절차를 거쳐야 하는 일도 아닌 것이 꽤 오랫동안 해결되지 못하고 있는 것을 보니 지명에 대한 개명이 다른 무엇에 대한 개명에 비해 특별히 더 어려운 일인가 싶기도 하다.

찾아보니 1900년에는 "동진강"으로 명명되어 있었나 보네요. "미호천"이라 불린지 오래이고 발음하기 좋아서 바꾸기가 어려운 것일까요? 개명할 분명한 목적이 있으면, 이왕이면 발음하기도 좋고 역사적으로도 의미가 있는 것으로 불리면 좋겠습니다.

우리에게는 크고 웅장한 것을 동경하는 마음이 있는가 봅니다. 경쟁하듯 층수를 높여 건물을 지어 자랑하고, 가장 높은 산과 가장 긴 강에 대해 순위를 따져 매기고, 지체가 높은 사람일수록 더욱 높고 크고 넓은 자리를 차지하게 되지요.

전 사실 미호천이 좋네요. 그냥 친숙하고, 그냥 그대로의 이름이 더욱 예쁘다고 생각합니다.

# 강아지가 뭐야?

**19**

본격적으로 말을 배우기 시작하는 만 3세 정도의 아이들을 만나본 적이 있다면 "이게뭐야병"에 대해 잘 알고 있을 것이다(시간이 좀 더 흐르면 아이의 성장세에 맞춰 "이게뭐야병"은 "왜요병"으로 발전한다). 눈에 보이는 모든 것에 대해 "뭐야?", "이게 뭐야?", "이건 뭐야?"와 같이 끊임없이 질문을 쏟아낸다. 한국어를 배우는 아이들만의 문제(?)는 아니어서 영어를 모국어로 배우는 아이들은 비슷한 시기에 "What's that?"을 입에 달고 산다.

여러분의 아이가 "강아지가 뭐야?"라고 물었다 치자. 흔하디흔한 강아지에 대해 굳이 물을 리는 없다고 생각하고 싶을 수도 있겠지만, 병세가 심한 아이라고 그냥 가정해 보자. 아이의 질문에 어떻게 답할 것인가?

① 푸들이 강아지야.

② (지나가는 강아지를 가리키며) 저게 강아지야.

③ 털이 복슬복슬하고 사람을 보면 꼬리를 흔들며 반가워하는 것이 강아지야.

④ 강아지의 첫 번째 뜻은 "개의 새끼"이고, 두 번째 뜻은 "주로 어린 자식이나 손주를 귀엽게 이르는 말"이야.


세상을 살면서 우리는 여러 가지 측면의 의미들에 대해 궁금해한다. 어떻게 하여 우리가 이 세상에 오게 되었는지, 죽음을 맞게 된다면 그 이후에는 어떤 일이 벌어지는 것인지, 어떻게 사는 것이 잘 사는 것인지, 무엇이 도덕적인 행위인지, 사랑이란 무엇인지 등. 언어 철학자들은 언어에 대해 궁금해한다. 우리가 사용하는 말들의 의미가 과연 무엇인지 그들은 매우 알고 싶어 한다.

우리가 사용하는 말들의 의미를 알고자 하는 시도가 오랜 시간에 걸쳐 이뤄져 왔다. 그 결과 꽤나 그럴듯한 다양한 이론들이 제기되었다. 예를 들어, "강아지"라는 말의 의미를 파악하는 데 있어 도움이 될 만한 네 가지의 입장을 생각해 보자. 앞서 "강아지가 뭐야?"라는 질문에 대한 그럴듯한 답변으로 제시한 네 가지의 응답들이 각 입장을 대변하게 된다.


① "푸들이 강아지야."

"강아지"의 의미를 파악하는데 있어 전형(prototype)을 동원하는 방식이다. "강아지"라는 범주(category)에는 다양한 강아지의 종류들이 포진한다. 그 중앙에는 전형성(prototypicality)이 높은 강아지가, 주변에는 전형성이 낮은 강아지가 위치한다. 전형성이 높은 강아지가 구체적으로 무엇인지는 개인 화자의 경험에 따라 달라지기 마련이다. "푸들이 강아지야"라고 말한다면, 말하는 이에게 강아지하면 푸들이 먼저 떠올려진다는 뜻이다. 즉, "강아지"의 범주에서 푸들이 전형성이 가장 높은 멤버가 된다는 말이다. "푸들이 강아지야"와 같이 말하는 것은 그 적용 범위가 넓어 화자 간 상호 소통의 가능성이 높겠지만, "슬로벤스키 쿠바크(Slovensky Cuvac)가 강아지야"와 같은 말은 그렇지 못할 것이다.

② *(지나가는 강아지를 가리키며) "저게 강아지야."*
실제 세상에 존재하는 강아지를 지시함으로써 "강아지"의 의미를 설명하고자 하는 시도이다. 눈에 들어오는 강아지를 가리켜 보여주면 듣는 이는 "강아지"의 의미를 오감을 통해 생생하게 체험할 수 있게 된다. 이와 같이 직접 지시하여 의미를 파악하고자 하는 시도를 지시 이론(Reference Theory)이라고 한다. 참고로, 그림 사전의 경우 단어에 대한 설명과 더불어 그림 자료가 덧붙여지곤 하는데, 예를 들어 "강아지"의 의미를 설명함에 있어 강아지의 그림 하나가 더불어 제시되고 있다면 그것은 "강아지"에 대한 지시(reference)가 이루어진 사례가 된다.

③ *"털이 복슬복슬하고 사람을 보면 꼬리를 흔들며 반기는 것이 강아지야."*
이는 강아지에 대한 고정관념(stereotype)에 기대어 설명을 제공하는 방식이다. 실제 세상에는 털이 짧아 "복슬복슬"과는 거리가 먼 치와와와 같은 단모견도 있고, 사람만 보면 꼬리를 두 다리 사이로 감추

며 으르렁거리는 사나운 강아지도 존재하기 마련이다. 고정관념은 일반인의 보편적인 경험에서 상대적으로 보다 널리 받아들여질 수 있는 것일 뿐 세상 모든 강아지에 대해 예외 없이 적용할 수 있는 생각은 아니다.

*④ "강아지의 첫 번째 뜻은 "개의 새끼"이고, 두 번째 뜻은 "주로 어린 자식이나 손주를 귀엽게 이르는 말"이야."*

사전적 의미(dictionary meaning)을 동원하여 의미를 설명해 볼 수도 있다. 사전을 찾으면 우리가 쓰는 말들의 발음이며, 의미, 용례들이 제시되어 있다. 그에 근거하여 화제가 되고 있는 말의 의미에 대해 접근해 볼 수 있을 것이다.

"강아지"의 의미를 파악하는 데 있어 네 가지의 방식 중 가장 그럴듯한 것은 과연 무엇인가? 어떠한 접근이 가장 효율성이 높을 것인가? 오류 가능성이 적은 방식은 또한 무엇일까? 의미에 접근하는 각각의 방식이 가지는 상대적인 장점과 약점은 무엇일까?

어린아이가 물었다면 2번이 제일 좋겠습니다. 다가가서 쓰다듬어볼 수 있으면 더욱 좋겠고요. 처음으로 강아지를 보고 만져보며 갖는 인상은 얼마나 강렬할까요!

아직 "이게뭐야병" 까지는 아닌데 가까이 접근한 아이들이 둘 있다 보니, 얼마 전 동식물에 대한 책을 한 질 구입했습니다. 그 책을 보면서 동식물 이야기를 해주는데 책의 끝장에는 항상 자세한 설명이 덧붙여져 있더라고요. 하지만 많은 경우에 그 부분은 건너뛰어요. 그리고 어서 빨리 동물원에 데려가야겠다는 생각을 합니다.

맞아요! 아무래도 우리가 가진 다섯 가지 감각을 더 많이 동원할수록 더욱 명징한 의미 파악이 가능하게 될 것입니다.
한편, 모두 다 중요한 감각이겠습니다만, 그 중에서도 시각이 가장 기본을 이루는가 봅니다. "백 번 듣는 것 보다 한 번 보는 것이 낫다"는 말도 있으니까요. 그런데 기본이 되는 것 같은 시각도 완전하지는 않을 수 있겠죠. "보이는 것이 전부는 아니다"라고 말하니까요.

# 5 장

# 사회, 문화, 언어의 변화

언어는 살아 있는 유기체와도 같아서 흥망성쇠를 겪는다. 사회와 문화상을 반영하여 새로운 말이 갑작스럽게 출현하기도 하고, 어떤 말이 특별히 유행을 타기도 하며, 경쟁하는 다른 말에 의해 밀려나 쇠락의 길을 걷게 되는 말도 있다. 또한 말의 의미는 역동적인 변화를 보인다. 어떤 말이 지칭하는 범위가 넓어지거나 좁아지기도 하며, 함의하는 뜻이 좋아지거나 혹은 나빠지기도 한다. 인간의 언어는 인간과 불가분의 관계에 있으면서도, 이 모든 변화의 과정에 개입하고자 하는 인간의 의지를 언어는 결코 허락하지 않는다. 쓰지 않던 말을 새롭게 쓰도록 하는 시도, 사라져 가는 말에 다시금 생명력을 불어넣고자 하는 시도, 어떤 말이 가지는 의미를 바꾸어보고자 하는 시도 등은 어김 없이 실패로 귀결될 뿐이다.

# 祝새단장OPEN

**20**

근간의 우리 사회 문화의 특징을 포착하는 데 있어 "단일 민족" 혹은 "단일 문화" 보다는 "다민족" 혹은 "다문화"라는 개념이 더욱 보편적이고 적절한 것으로 보인다. 국내에 체류하는 외국인의 수가 200만명을 훌쩍 넘긴 지가 이미 오래 전의 일이고(참고로, 2019년 국내 체류 외국인의 수는 236만명으로 나타났고, 이는 대구광역시의 인구에 맞먹는 규모이다.

그런데 공식적, 즉 합법적 체류자의 수가 그렇다는 말이고 실제 외국인의 수는 이보다 훨씬 더 많을 것으로 예상된다), 일선 학교를 둘러보면 다문화 가정을 배경으로 하는 학생들의 비율이 점차 늘고 있음을 쉽게 확인할 수 있다. 실제로 2022년 4월 8일자 경향신문은 전체적으로 학생의 수가

매년 10만~20만 명씩 줄어들고 있는 상황에서 다문화 학생은 도리어 1만 명씩 늘고 있는 형편이라고 전했다. 그리하여 전교생의 절반 이상이 다문화 학생들로 채워진 학교들이 이미 적지 않으며, 안산 원곡초등학교의 경우 그 비율이 90%를 넘는다고 보고되었다.* 또한 2018년 10월 2일 중앙일보는 서울 대동초등학교의 경우 신입생의 전원이 다문화 학생이라는 놀라운 소식도 알려왔다.**

그래서일까?

지나는 길에 수없이 걸린 광고와 간판에는 외국어가 가득하고, 그것을 보다 보면 내가 다문화, 다인종, 글로벌 사회에 살고 있는 것이 맞구나 하는 생각이 절로 든다.

광고와 간판에 쓰인 외국어는 물론 주로 영어이다. 영어로 내용을 내걸게 되는 경우 그것이 실제로 어떠한 효과를 가져오게 되는 것인지, 혹은 그와 관련하여 사람들이 기대하는 바가 과연 무엇인지에 대해서는 정확히 알지 못한다. 다만 오죽이나 외국어가 범람하는 환경이다 보니, 외국어를 한글로 표

\* https://news.v.daum.net/v/20220408060004282?x_trkm=t

\*\* https://www.joongang.co.kr/article/23014898#home

기한 인사동 거리의 간판들을 보면 도리어 어색함이 느껴지곤 한다. 굳이 저렇게까지 해야 하나 싶은 생각마저도 든다.

이 사진 속의 내용은 서울 강남의 차병원 사거리에 2019년의 언제쯤 내걸렸던 것이다. 억지를 조금 부려 넘치는 해석을 해보자면, 이야말로 짤막하지만 다문화, 다인종, 글로벌 문화를 너무나도 적나라하게 드러내는 장면이구나 싶었다. 나로서는 진심으로 생소한 장면에 이내 눈길을 빼앗기고 말았다. 사진 하나 꼭 찍어두고픈 욕심에 평소 잘 지나지도 않던 길을 일부러 다시 찾아 동영상을 촬영하고는 그 한 장면을 캡처한 결과물이 이 사진이다.

우리말로 소리 내어 읽으면 딱 여섯 음절이다. 여섯 음절 안에 세 가지의 언어가 혼재되어 있다. 한글과 영어는 알지만 한자를 모르는 사람은 다섯 음절을 이해할 것이고, 한글과 한자는 읽을 수 있으나 영어를 모르는 사람은 네 음절을 이해할 것이다. 그리고 한글만을 아는 이에게는 절반의 내용만이 의미를 가지게 된다. 혼란스럽다.

이 문안을 마련한 사람은 무슨 생각이었을까?
그 마음이 참으로 궁금하지 않을 수 없다.

저 광고 문구를 마주친 이후 한동안은 길거리 이곳저곳에 게시된 광고글에 주목하는 버릇이 더욱 심해져버렸다. 다행인지 불행인지 저만큼 임팩트 있는 것을 아직까지는 만나지 못하고 있다.

한편 조금 다른 맥락으로, 광고 문구에 등장하는 뜻 모를 외국어(특히 영어)의 범람은 그저 웃어넘길 만한 상황이 아닌 것으로 보인다. 2022년 4월 5일자로 수신한 광고 이메일을 의도치 않게 열었다가 다음과 같은 문구를 만났다. 그리고는 한참을 들여다보았지만 한글로 된 달랑 한 문장이 도무지 해석이 되지 않는 신비로운 체험을 하게 되었다.

> 과거의 아이콘을 예찬하며, 생동감 넘치는 별 디테일을 배경으로 다채로운 컬러의 상징적인 인터로킹 G를 장식한 롸이톤 스니커즈, 청키한 솔이 돋보이는 벌키한 실루엣으로 레트로 무드를 한층 더 자아내는 디자인을 선보입니다.

"祝 새/단/장 OPEN"은 다문화 사회로 가는 과도기의 광고 같네요. 시대의 흐름으로 받아들여야 할까 봐요. 인사동의 스타벅스 간판은 저는 북한 간판처럼 느껴졌습니다. 한글이 오히려 더 어색하고 어렵게 느껴집니다.

저는 사실 "祝 새단장 OPEN" 이 어르신들 보기 좋으시라고 만든 옛날식 광고 문구 같았어요. "祝"은 산업화 시대에 현수막에 자주 쓰던 한자이고, OPEN은 문 열린 가게에서 늘 보는 기호 같은 것이고요. 특별히 멋 부린 것도 없이 글자수를 최소한으로 하여 간판을 만든 이 가게의 주인도 연세가 있으실 것으로 짐작을 했고요. 그런데 교수님 말씀처럼 세 가지 문자의 조합으로 낯설게 보니 또한 그렇게도 보이네요.

마지막의 이메일 광고 문구 정말 우스꽝스럽네요. 해석을 하자면, 복고풍의 운동화 광고인 것이죠? 요즘 패션 잡지나 광고 문구를 보면 온통 외래어, 외국어로 연결된 설명이 가득해요. 마치 하나의 장르인 양, 그렇게 쓰는 게 자연스러울 정도입니다.

말은 맘대로 쓰는 것이고, 그러니 변화가 자연스러운 것이라고 생각하는 저로서도 자유분방한 사용 용례들에 대해 깜짝깜짝 놀랄 때가 많은 것 같습니다. 우리말의 아름다움을 설파하시는 분들 입장에서는 밤잠을 못 이루실 일이겠다 싶습니다.

한동안 순 우리말 이름이 유행하던 시기가 있었습니다. 90년 대 초반 학번의 제 주변 선후배들의 이름만 해도, 옥임, 별임, 달임, 방실, 구슬이가 있었습니다. 그러다가 영어 이름을 가지는 것이 유행이던 시절이 있었고요. 그 당시, 너무나도 촌스러운 영어 선생님이셨는데 멋진 영어 이름으로 소개하시길래 참 어울리지 않는구나 속으로 생각했던 기억이 나네요.

영어 이름을 가지는 유행은 좀 수그러든 것 같기도 합니다만, 간판이나 제품명에 영어를 비롯한 외국어를 집어 넣는 행태는 갈수록 심해져만 가고 있네요.

# 솔까말 별다줄!

*21*

트렌드 컬러(trend color), 즉 해마다 유행하는 색이 있다. 나에게야 전혀 딴 나라 이야기에 불과하지만, 일반적으로 대중들은 유행하는 색상의 패션 아이템을 놓치지 않고 따르는 일을 중요하게 여기는 듯하다.

그런데 패션만이 아니라 언어에도 트렌드가 있다. 언중들은 유행어에 민감하기 마련이어서 특정 시기에 특정 표현들이 사람들의 입에 특별히 많이 오르내리곤 한다. 코미디언들이 유행시키는 말들이 좋은 예다. "궁금하면 오백원!"이란 말을 들으면 특정 코미디언의 얼굴이 무조건 반사의 사례 마냥 떠올려지니 그 힘이 실로 대단하다. 그래서인지 유행어를 몇 개나 만들어 전파하였느냐가 코미디언들의 유명세를 가늠하는데 있어 중요한 잣대 중의 하나로 통용되기도 한다.

코미디언들의 유행어를 비롯하여 많은 말들이 매체를 통해 광범위하게 유행의 물결을 탄다. 반면 또 어떤 말들은 보다 협소한 범위에서 소수의 화자들 안에서만 돌고 돈다. 연인끼리, 친구끼리, 혹은 가족끼리만 쓰는 말이 있고, 특정 지역에서, 특정 직업군에서, 혹은 특정 모임에서만 제한적으로 쓰는 말이 있다. 그러한 말들은 해당 언어 공동체를 벗어나는 경우 그 특별한 지위를 상실하게 된다.

새로운 생각이 생겨나면 그것을 담는 그릇인 새로운 말이 필요하기 마련인데, 새로운 말을 만들어내는 방법에는 크게 세 가지가 있다. 하나는 기존의 말의 의미 자체가 변화하여 새로운 생각을 담게 되는 경우이다. 예를 들어 "arrive"는 본래 "해안에 도착하다"라는 뜻이었는데, 지금은 해안이 아닌 어디든 도착하게 되는 경우를 가리키는 말로 쓰인다.* 의미가 넓어진 사례이다(이를 generalization이라 이른다). 거꾸로 의미가 좁아지기도 하는데, 예를 들자면 "voyage"는 일반적인 여행을 가리키는 말에서 지금은 배편을 이용한 여행만을 의미하는 말이 되었다(specialization의 사례이다). 새로운 말을 만들어내는 두 번째 방법은 기존의 말로부터 새로운 말을 만들어 내는 것이다. 영어의 사례를 이어

---

* arrive에는 river가 숨겨져 있다. river는 그 어원을 라틴어의 ripa(강, 강둑)에 둔다. 한편, rival도 그 어원이 동일하다. 하나의 강을 쓰는 두 사람은 경쟁 관계를 이루고 있을 가능성이 농후할 것이다.

가자면 "win-win", "yourself", "moreover", "somebody" 등의 합성어들이 그 좋은 예가 된다. 마지막 세 번째 방법은 "스마트폰"의 경우와 같이 다른 나라 말을 그대로 들여와 쓰는 것이다.

"스마트폰"은 신조어이다. 방금 정리해 보았지만, 새로운 생각을 담기 위한 새로운 말로서 우리는 영어의 "스마트폰"이라는 말을 그대로 차용하여 사용하고 있다.

한편, 우리가 현 시점에서 사용하는 유행어들, 혹은 신조어들의 면면을 자세히 살펴보면 "스마트폰"의 사례와는 사뭇 다른 경우들을 흔히 만난다.

이미 몇 해 전의 일이지만, 2019년 신조어 목록이라고 알려졌던 내용을 옮겨와 보면 이렇다.

| | |
|---|---|
| 1. 아바라 | 11. 보배 |
| 2. 만반잘부 | 12. 팬아저 |
| 3. 오놀아놈 | 13. 아이엠그루트 |
| 4. 믿거페 | 14. 일코노미 |
| 5. 혼틈 | 15. 뽀시래기 |
| 6. 자만추 | 16. 롬곡 |
| 7. 스라밸 | 17. 별다줄 |
| 8. 꾸안꾸 | 18. 롬곡 |
| 9. 졌잘싸 | 19. 엄근진 |
| 10. JMTGR | 20. 애빼시 |

그런데 가만 들여다보면 스무 개의 신조어 중 거의 대부분이 줄임말이다.

1. 아이스바닐라라떼
2. 만나서반가워잘부탁해
3. 오놀줄아는놈인가
4. 믿고거르는페이스북
5. 혼란한틈타
6. 자연스러운만남을추구
7. 스터디라이프밸런스
8. 꾸민듯안꾸민듯꾸민듯
9. 졌지만잘싸웠다
11. 보조배터리
12. 팬은아니지만저장한다
17. 별걸다줄인다
19. 엄격근엄진지
20. 애교빼면시체

적어도 이렇게 열 네 개는 본래의 긴 말을 줄여서 사용하는 사례들인 것이다. 요즘 유행하는 신조어는 사실상 줄임말의 향연이라 하여도 과언이 아닌 것 같다.

말을 줄여 쓰는 것은 어제 오늘만의 일은 아니다.

군대를 제대하고 학교에 복학 신청을 하러 갔더니 "과사"라는 말을 여기저기서 쓰고 있었다. "학과사무실"을 줄여서 쓰는 말이었는데, 처음 듣고는 왜 그렇게 말을 줄여서 할까 의아해 했던 기억이 있다. 2009년 대학에서 아이들을 가르치기 시작했는데, 아이들로부터 "인강"이란 말을 처음 듣고 금새 알아듣지 못하기도 했었다("인터넷 강의"의 줄임말이다). 말을 이렇듯 줄여서 사용하는 것은 경제성의 원칙을 추구하는 인간 언어의 속성을 고려할 때 충분히 이해가 가고도 남는다. 동일한 자원으로 효율성 높은 의사소통을 할 수 있다면 좋은 일이 아니겠는가.

다만 줄임말의 사례가 참으로 많다는 사실에 이내 눈길이 갈 수밖에 없는 요즈음이다.

솔까말 별다줄이지 않은가 말이다!

하하, 저는 2019 신조어를 하나도 못 맞췄네요. 유행 따라가기가 어려워요.

며칠 전 생일을 맞은 딸이 예쁜 새 수첩을 보여주길래 "이게 웬 거야?"하니까 "생선!" 이래요. 생일선물이란 뜻이었죠. 동네를 걷다가 둘째 아이가 "도고다, 야옹!" 하길래 보니 길고양이(도둑고양이) 한 마리가 지나가더라고요. 아이들도 열심히 신조어를 만들고 있었어요. 그들끼리는 잘 통하더라고요. 솔직히 까놓고 말해서 별걸 다 만든다 싶어요(이렇게 길게 쓰니 왠지 늙수그레하게 느껴지긴 합니다).

그러게, 좀더 세련된 쌤이 되어보세요!

저는 꾸안꾸랑 뽀시래기를 알고 있네요. 그런데 뽀시래기는 경상도 사투리 아닌가요? 어쩌다 신조어 목록에 올랐을까요. 하루는 아파트 앞에 어린이집 차를 기다리는 원복 입은 아이들 무리를 보고 저희 가족이, "와! 우리 동네 뽀시래기들 여기 다 모였네!" 하며 웃으며 지나갔던 기억이 납니다. 어린 아이들을 귀엽고 정감 어리게 부르는 표현이라 저도 애용합니다.

저는 아바라, 꾸안꾸, 일코노미를 알고 있네요. 아이들이 하는 말을 듣고 있다 보면 무슨 뜻인가 싶을 때도 있어요. 그런데 생각해보면 저도 줄임말을 자주 쓰고 있더라고요. 케바케(case by case), TMI(Too much information), 단짠(달고 짜고), 프사(프로필 사진)….

줄임말을 만드는 것 자체가 유행을 타고 있는 듯싶습니다. 이말 저말 닥치는 대로 줄여서 던져놓고 보는 것 같아요. 한편, 줄임말의 뜻을 안다고 하더라도 그것을 적절한 맥락에서 쓸 수 있어야 하겠더라고요. 안 그러면 맥락이 어색해져 버리니 말입니다. 저에게 유행 따라잡기는 참으로 어려운 일이에요.

# 언어의 인플레이션

**22**

초등학교 저학년 아이들에게 받아쓰기는 쉬이 넘기 힘든 큰 산이다.

- 책들이 반듯이 꽂혀있다
- 무릎을 꿇고 말았다
- 얼굴을 찌푸리다가 이내 멋쩍게 씽긋 웃었다

소리말과 글자 간의 관계는 어찌하여 이렇게도 제멋대로란 말인가. 맞춤법에 진저리난 사람들은 다음과 같은 말들을 나열하며 그 멋대로의 관계를 희화화한다.

- 일해라 절해라 하지 마시지요
- 그거 명예회손이에요
- 어서 조취를 취해주세요
- 둘 중 뭐가 더 낳을까요?
- 마춤법 따진다는 거 좀 골이따분하지 않나요?

*- 에어컨 시래기 자리로 여기가 문안하겠죠?*

*- 귀신이고칼로리야*


하지만 사실 따지고 보면 한글은 양반이다. 영어의 경우 철자법은 정말이지 생각만 해도 머리가 지끈지끈 아파온다. 미국 가정의 서가에 예외 없이 하나씩은 꽂혀 있다는 웹스터 사전. 그것을 제작한 Noah Webster는 영어의 철자법에 대해 "사악하다"고 말한다("the evil of our irregular orthography"). 그만큼 영어의 철자법은 혼돈 그 자체여서, 예를 들자면 알파벳 <h>는 <th, sh, gh, ph, ch, wh> 등의 자음쌍에 출현하여 그 음가를 결정하는 데 있어 중요한 역할을 한다. 하지만 정작 그 어디에서도 해당 알파벳의 기본 음가라고 할 수 있는 /h/로 발음되는 사례가 없다.*

영어 철자법이 이렇게 엉망(?)이 되어 버린 계기를 사람들은 대모음전환(Great Vowel Shift)에서 찾곤 한다. 덴마크가 낳은 위대한 언어학자 오토 예스페르센(Otto Jespersen)은 1400~1700년 사이에 일어난 발음의 변화에 주목하였다. 변화의 방향은 꽤 뚜렷한 것이어서 단모음의 상당수는 이중모음으로 변화하였고(예: /iː/ → /aɪ/), 강세를 가진 장모음들은 모두 한 단계씩 상승하였다(예: /eː/ → /iː/, /oː/ → /uː/). 인쇄술과 출판문화의 발달로 철자법이 고정되어 가던 상황에서 대모음전환으로 초래

---

* 대학 시절 지금은 제목조차 기억이 나지 않는 외화를 극장에서 보고 있던 중이었다. 어쩌다 자막에 올려진 should라는 말이 눈에 들어왔다. 그 순간 나는 얼어붙고 말았다. s...h...o...u...l...d, 저것이 올바른 철자법인가, 어딘가 잘못된 것은 아닌가, 잘못되었다면 정확히 어디가 어떻게 잘못된 것이지? 지금 같으면 스마트폰을 열어 당장이라도 확인할 수 있었겠지만, 그러하지도 못한 채 should가 참 괴상하게 생겼다는 생각에만 사로잡힌 나머지 영화 자체를 제대로 보지 못하고 말았다.

된 발음의 변화로 인하여 철자와 소리말 사이에 명백한 괴리가 생기고 말았던 것이다.

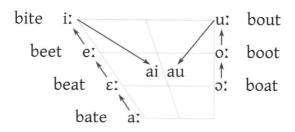

물론 대모음전환은 영어의 역사에 출현하는 내용이다. 그런데 우리말의 경우에도 그와 유사한 발음의 상승 장면이 목격된다. 전라남도의 장흥에 가면 귀족호도박물관이 있다. 장흥에서 자생하는 귀족호두를 관리하고 관련된 자료와 문헌을 보전하고자 하는 목적을 두고 있다. 그런데 왜 "귀족호두박물관"이 아닌 "귀족호도박물관"이라 이름이 되어 있을까? 사실 우리가 쓰는 지금의 호두는 본래 호도였다. "호도"가 "호두"가 된 것으로, 이는 우리말의 모음 상승의 사례에 해당한다. "귀족호도박물관"이라는 보수적 형태의 이름을 사용함으로써 전통을 지키고자 하는 의도를 담은 것은 아닌가 싶다.

이외에도 우리말에서 모음 상승이 이뤄진 사례는 많다. "고동"은 "고둥"이 되었고 "앵도"는 "앵두"가 되었으며, "자도"는 "자두"가 되었다.

또한 요즘 사람들의 말에 가만 귀 기울여보면 "예쁘다"에 대해 "이쁘다"라고 흔히들 말하고 있음을 알 수 있다. /e:/가 /i:/로 변하고 있는 또 하나의 흥미로운 사례이다. 그렇듯 모음은 계속해서 상승하고 있다.

발음의 변화는 이렇듯 하강이 아닌 상승의 형식으로 진행되곤 한다. 그런데 이와 같은 상향식 변화가 발음에만 국한되는 것은 아니다.

영어 표현에 "millionnaire"라는 말이 있다. 우리말로 하면 "백만장자"인데, 이는 백만 불의 자산을 가진 사람이라는 뜻이다. 문자 그대로 풀었을 때, 1달러에 대한 기준 환율을 대략 1,200원으로 보자면 우리 돈으로 12억원에 해당하는 자산을 가진 사람이 바로 백만장자이다. 사실 millionnaire의 사전적 의미는 엄청난 부자 즉 대부호라는 뜻

인데, 12억 원이 적은 돈이 아님은 분명하겠으나 그렇다고 그만큼의 자산을 가진 사람에게 대부호라는 타이틀은 어딘지 모르게 어색하다. millionnaire는 20세기 초에 등장하였던 말이고, 그 당시에는 백만 불의 가치가 그만큼 대단했던 것임을 미루어 짐작해 볼 수 있다. 시간이 흐르면서 통화는 지속적으로 인플레이션을 겪어 왔고, 그 결과 이젠 millionnaire라는 말보다는 billionaire가 좀 더 현실감을 갖춘 말로 들리게 되었다. "billionaire"는 "억만장자"라고 번역이 되는데, 우리 돈으로 환산하면 1,200억원을 가진 사람이란 뜻이다. 그쯤 되어야 대부호라는 말에 격이 맞으리라고 요즘 사람들은 생각을 하는가 보다.

나는 어릴 적 "6백만 달러의 사나이"라는 텔레비전 외화 드라마를

즐겨 보았다. 기억이 선명하지 못하여 자료를 찾아보니, 해당 드라마는 1988년부터 1989년까지 KBS에서 방영이 되었다고 한다. 애초 미국의 ABC 방송국에서 1974년부터 1978년에 걸쳐 "The Six Million Dollar Man"이라는 이름으로 방영이 되었던 것을, 지금은 없어진 동양방송에서 1976년부터 "6백만불의 사나이"라는 이름으로 방영을 하였다고 한다. 내가 본 것은 동양방송 판을 10년쯤 지나 재방영하였던 것일 게다.

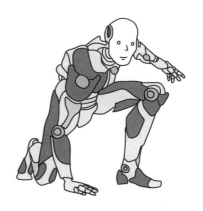

사연이야 어찌되었든, 6백만 달러의 사나이는 첨단의 바이오 인공장기로 무장한 사이보그 요원이다. 해당 드라마에서 설정한 바를 따르자면, 사고로 신체 일부의 기능을 상실한 평범한 인간을 괴력을 가진 초인으로 재탄생시키는데 소요된 금액이 6백만 달러였다. 6백만 달러를 원화로 환산하여 보면 72억 원이다. 72억 원이 대단히 큰돈이라는 것은 자명한 사실이지만, 6백만 달러의 사나이가 보여주는 어마무시한 능력을 감안하여 보자면 요즘 시대에는 "6백만 달러의 사나이"가 아니라 "6천만 달러의 사나이" 혹은 쓰는 김에 좀 더 써서 "6억 달러의 사나이"쯤으로 불러야 적절하지 않을까 한다.

언어는 이렇듯 곳곳에서 인플레이션 현상을 보이고 있다.

정말 재밌게 읽었습니다! 일부러 틀려놓은 맞춤법은 왜 이렇게 웃길까요! 옛날에 배웠지만 잘 모르고 넘어갔던 Great Vowel Shift를 이제야 이해했습니다! 그런데 궁금한 점이 있습니다. 왜 모음이 상승하는지요? 사람들이 더 강한, 자극적인 발음을 쓰려는 경향이 있는 것일까요? 언어의 역사적인 변화를 보면 적자생존이란 생각이 듭니다. 상승한 발음이 더 선택되는 것은 어떤 이유일지요?

글쎄요. 모음상승이 어찌하여 일어나게 되는지에 대해서는 저도 잘 모르겠군요. 한번 찾아봐야겠습니다. 먼저 아시게 되면 알려주세요. 여하튼 분명한 것은 언어들 간의 공통점으로 모음상승이 나타나고 있다는 점이에요. 하강하는 경우는 들어본 적이 없고요. 아마 짐작하건대 조음 위치가 높을수록 전달력이 커지기 때문은 아닐까 싶기는 합니다.

찾아보니 모음 상승 현상은 입을 적게 벌려서 조음 상의 노력을 줄이려는 현상이라고 합니다. 생각해보니 사투리에 그런 말들이 제법 있는 것 같아요. 경상도 말에서 볼에 "데다"를 "디다"로, 칼에 "베이다"를 "비다"로 표현해요. "조심해, 볼에 딘다이(디인다이)!", "칼에 빈다이(비인다이)!"처럼요. 또는 "더러워"를 "드러워"로 발음하는 경우도 아주 많구요.

# 개무섭다

23

해마다 특별히 유행을 타는 말이 있다. "꽃길만을 걸으라"처럼 문장 단위에서 유행하기도 하고, "인싸"처럼 단어 단위에서 유행하기도 한다. 문장이나 단어보다 작은 단위가 접사로서, 예를 들어 아주 근래엔 "찐" 이란 접두어가 여기저기에서 많이 들려오기 시작했다(예: 찐우정, 찐팬).

"개"라는 접두어가 유행을 타기 시작한지 이미 꽤 오랜 시간이 흘렀다. 내 기억이 맞다면 2015년쯤 들어 사용되기 시작했던 것으로 보인다. 비슷한 접두어로, "왕", "짱", "캡" 등이, 예를 들어 "왕짜증", "짱 싫어", "캡 좋아" 등으로 쓰이며 유행을 주도하던 것이 어느새 "개"로 어느 정도 정리가 된 모양새다.

유사 접두어들을 평정해 버린 "개"는 이전의 그 어떤 접두어보다도 생산성(productivity)이 높아서 그 쓰임새가 실로 넓고 다양하다. 본래는 주로 명사 앞에 붙여 부정적인 의미를 부가하는 기능을 하였던 것이(예: 개 죽음, 개고생, 개살구, 개떡, 개꿈, 개수작, 개망나니), 이젠 명사, 동사, 형용사, 부사 등 어느 품사에나 붙어 다니고(예: 개여신, 개까불다, 개빠르다, 개몹시),

긍정과 부정을 가리지 않고 두루 쓰인다(예: 개예쁘다, 개좋다 vs. 개못생겼다, 개싫다). 뿐만 아니라 TV 프로그램 이름으로 JTBC의 "개이득", KBS의 "개훌륭(개는 훌륭하다)"까지 등장한 마당이다.

도대체 어쩌다가 "개"가 이렇게까지 유행하게 되었을까? 혹자들은 "개"를 십 대들의 언어라고 말한다. 생물학적인 성장과 사회화 과정을 겪는 십 대들은 기성세대의 질서에 대한 저항을 특징으로 한다. 행동에서뿐만 아니라 언어에 있어서도 저항의 양상이 나타나기 마련이며, 그 결과가 바로 십 대들의 언어이다. 십 대들의 또 다른 중요한 특징은 집단문화이다. 언어를 포함한 특정 행동 양식을 동경하며, 상호간 유사한 양식을 공유하곤 한다. 기성 질서에 대한 저항과 집단문화에서 비롯한 것이 "개"로 예시되는 십 대들의 언어라고 볼 수 있을 것이다.

폭발적인 생산성을 자랑하는 만능 접두어 "개"의 미래는 무엇일까? 그것은 순간의 유행에 지나지 않는 것일까, 아니면 궁극적으로 언어 변화로 이어지는 결과를 낳을 것인가? 이에 대한 답을 우리는 아직 내릴 수가 없다. 예측이 불가한 영역이기 때문이다.

사회언어학적 관점에서 보자면 여러 가지 변인에 의해 화자 집단 간 언어 사용의 실제에 있어 차이가 나타나기 마련인데, 그 중요한 변인 중의 하나가 바로 화자의 연령이다. 특정 연령대, 특히 변화를 주도하곤 하는 십 대들의 언어가 언어 변화로 이어지기 위해서는 그들이 이십 대, 삼십 대는 물론 오육십 대에 이르러서까지 그들의 언어를 유지해야 할 일이다. 우스갯소리로 지금의 십 대 소녀들이 나이 들어 결혼을 하여 시아버지와 함께 식사를 하면서도 "아버님, 이 음식 개맛있지 않으세요?"와 같이 말을 하게 되었을 때 비로소 우리는 언어 변화가 나타났다고 결론을 내릴 수 있게 된다. 그렇지 않다면 "개"는 십 대들에 국한하여 유행하는 언어에 그치게 된다.

지금까지 거센 유행의 흐름을 탔던 말들은 많았다. 앞서 언급한 "왕", "짱", "캡"은 물론이요, 하나만 더 예를 들자면 지금으로부터 대략 10여 년 전쯤에 유행했던 "급"이란 말도 있다. 시급하다는 의미를 가지는 한자어 急에서 유래한 말로 사람들은 너나없이 "급 늙어버렸다", "급 짜증이 났다", "급 먹고 싶었다'와 같은 말들을 입에 달고 살았다. 물론 지금에 와서 보면 역사의 뒤안길로 급사라질 처지에 놓이고 말았지만….

"개"가 수많은 유행어들이 이미 지나쳐간 흥망성쇠의 길을 답습할 것인지, 새로운 언어로서 굳건히 자리를 잡고 사전에까지 등재되는 식의 쾌거를 올리게 될 것인지 그 미래가 몹시도 궁금할 따름이다. 그것이 어떠한 방향으로 흘러갈 것인지 한치 앞도 예측이 불가한 지금, 다만 "개"의 공세가 개무서울 따름이다.

개인적으로는, 그 특유의 어감이 싫어서 꺼려지는 접두어인데…. 그 미래가 몹시 궁금해지네요.

왜 싫어하고 그러세요, 개유행하는 말인데…. :)

세상의 언어를 정말 잘 포착하십니다! 심지어 "개스럽다"라는 말도 쓰더라고요. 제가 십대였을 때 "열라 좋아", "열라 싫어"라는 말을 많이 썼는데 이젠 아무도 안 쓰네요. 역사의 뒤안길로 사라지다니 열라 아쉬워요. 이렇게 한번 써보니 추억이 돋습니다.

역시 한 번도 못써봤지만 "열라"도 있었군요. 좀 더 큰 감정을 표현하고 싶은 욕망에서 비롯한 말들이겠죠. 세대마다 그 말이 달라지는 것이고….

"열라"가 좀 상스러운가 몰라도 주류에 저항하는(?) 젊고 어린 언어라 소중하게 느껴지네요. 그에 비해 "개"는 너무 커버렸어요. TV에까지 나오고 대중성을 얻으면서 십 대 언어로서의 신선함도 비밀스러움도 상스러움도 잃은 듯합니다. 그 점이 짱 아쉽네요.

최근에 본 기사가 생각이 납니다. 중학생들의 어휘력을 알아보는 기사였는데, 아이들의 어휘력이 상상을 초월하더라고요. "개편하다"를 "정말 편하다"로 풀이했다는 것을 보고 엄청 웃었는데, 가만 보니 웃을 일만은 아니라는 생각이 들더군요. 어휘력이 문해력의 기본일진대 정말 개탄스러웠습니다. ("개탄스럽다"는 말은 어떻게 받아들일까요?)

영어 문제를 출제하다 보면 우리말 선택지 구성이 쉽지 않다는 말씀들을 많이 하시더군요. 아이들이 우리말 뜻을 잘 모르기 때문이라는 것인데요. 선생님 말씀하시는 대로 "개편하다"는 말을 아이들이 모르니 답답하다는 말씀이신 것이죠.

그런데 한자어 세대가 아니니 당연한 측면도 있는 것 같습니다. 아이들이 "개편하다"는 말이 전하는 의미를 정말 모를 리야 있겠습니까? 그들이 이해하는 말로 바꿔 표현을 하면 되는 것 아닐까요? "변경하다"는 말도 있을 것이고, 그것도 한자어라 어렵다면 "고치다", "바꾸다" 등 맥락에 맞춰 얼마든지 표현할 방법들이 있겠지요.

"요즘 아이들" 논쟁에서 늘 간과하는 부분이 기성 세대도 "요즘 아이들" 시절이 있었다는 사실입니다. 윤동주 시인이 친필로 작성한 시집을 절친이었던 정병욱 교수께 전하면서 정(呈)이란 한자어를 썼습니다("尹東柱 呈"). "드리다"는 의미의 "정"인데, 요즘 그런 말을 누가 씁니까? 그렇다고 요즘 사람들이 해당 한자어를 모른다고 서로 탓하지는 않잖습니까? 말은 변하는 거지요. 어쩌면 이중잣대가 아닐까 싶습니다.

# 간호원과 간호사

**24**

　　적절한 호칭의 사용은 건강한 사회생활
을 위해 대단히 중요한 문제가 아닐 수 없
다. 요즘 젊은 사람들이 모르는 말 중에 "간
호원"이 있다. 찾아보니 1987년에 이르러
지금처럼 "간호사"라는 말을 사용하게 되었
다고 한다. "간호원"이 하루 아침에 "간호
사"가 되었으니 당시의 혼란스러움은 짐작
이 가고도 남는다. 시골 할아버지 할머니들
이 병원에 갔다가 간호원을 불렀더니 그간
친절했던 간호원들은 온데간데없고 간호사
들의 차가운 눈총만이 돌아오더라는 식이 이야기가 돌기도 했다.

　　이렇게 상의하달의 방식으로 우리가 쓰는 말이 하루 아침에 달라지
는 경우도 있지만, 또 많은 경우에는 화자들이 미처 느끼지 못하는 사
이에 말의 용례가 아주 조금씩 서서히 달라지기도 한다. "선생님"이란

말이 그 좋은 예다.

　나의 스키마에 따르면 "선생님"은 교사에게 부여된 특별한 호칭이었다. 그런데 어느 순간 "선생님"이란 말의 쓰임새가 내가 애초 생각했던 것과는 전혀 다른 방식으로 나타났다. 갓 데뷔한 신인 코미디언이 공중파의 예능 프로그램에 출연하여 30대 중반의 상대적으로 인지도 높은 선배 코미디언을 "선생님"이라 지칭한다. 비슷한 맥락에서 후배 연기자가 아버지뻘 되는 선배 연기자를 공공연히 "선생님"이라 호칭하는 장면이 방송을 탄다. 나 역시도 이제는 익숙해진 것이, 길거리에서 도움을 청하기 위해 낯선 이에게 말을 걸 때 이젠 "선생님"이라는 호칭으로 다가서야 함을 직관적으로 안다. "아저씨"나 "아주머니"와 같은 호칭은 도움을 구하는 일에 있어 적절하지 못할 것이라는 생각이 나도 모르는 사이에 자리를 잡아버렸다.

　"선생님" 이야기를 하다 보니 내가 한국교원대학교에 막 부임했을 적 생각이 떠오른다. 나는 그간 만났던 나의 은사님들을 모두 "선생님"이라고 불렀다. 나도 이제 드디어 선생님이 되었구나 하는 감회에 젖어있었을 당시, 내가 만난 대부분의 사람들은 정작 나를 "선생님"이라 부르지 않고 "교수님"이라고 불렀다. 그 호칭이 너무도 익숙하지 않아 오랫동안 불편하였고, "선생님"과 "교수님"을 맥락도 없이 교차하여 사용하고 있던 나 자신을 발견할 수 있었다. 가만 생각해 보면 이는 두 가지 측면에서 설명이 가능해 보이는 일이었다. 하나는 교원대의 문화가 반영된 부분으로, 대학원에 초중등 교사들이 학생으로 많이 재학하고 있다 보니 경우에 따라 교사와 교수 간에 굳이 구별이 필요한 장면이 있지는 않았을까 하는 점이다(누군가가 내게 그렇게 말해주었다). 다른 하나는 대학 문화 자체가 사실상 점차 변화하고 있으리라는 해석으로, 스승과 제자가 예전에 비해 상대적으로 보다 공식적인 관계를 맺게 되는 경향이 점차 커지고 있으리라는 추측이다. "선생님"이 너무나도 흔해진 요즘에 굳이 "선생님" 소리를 들어야 하는가 싶기도 하고, 또 말이란 으레 그렇게 변화하는 것이니 그러려니 하고 말 뿐이다.

"교수님"이란 호칭도 생각해보면 흥미롭다. 한동안은 "박사님"이 "교수님"에 비해 상대방에게 더욱 격식을 갖추는 호칭이었다. 그런데 지금은 그 상황이 역전되어 "교수님"이 "박사님"에 비해 더 큰 대접을 해주는 느낌이다. 예전엔 대학교수들 중 박사학위가 없는 경우가 많았기에 "박사님"이 더 격이 높았던 것이고, 지금에야 박사학위가 없는 대학교수가 거의 없고 거꾸로 대학에 자리 잡지 못하고 있는 박사가 많은 시절이 되어버렸으니 그러한 변화를 충실히 반영한 결과일 것이다.

이렇듯 두 개의 호칭이 경쟁 구도를 보이는 경우는 흔하다. 은행이나 구청, 병원 등과 같은 공공기관에서 고객을 호명할 때 얼마 전까지만 해도 "아무개씨"와 같이 부르던 것이, 요즘엔 "아무개님"과 같은 호칭이 더욱 보편화되어 있다. 그 편이 더욱 친절하고 다정다감하게 느껴지는 모양이다.

전술한 바와 같이 상호

간 호칭을 적절히 선택해서 불러야만 사회생활이 건강해진다. 적절하지 못한 호칭으로 불리게 되었을 경우, 적어도 나의 경우엔 기분이 그리 유쾌하지 못했던 것 같다.

오래전 치과에 갔을 때 앳되어 보이는 간호사가 나를 "아버님"이라 부르는 것이 아닌가? 치아 관리법에 대해 설명하는 중 말끝마다 "아버님", "아버님"이란 말이 따라 붙었다. 둘러보니 나이가 좀 드신 어르신들이 주로 찾는 치과로 보였는데(내가 그렇게 보고 싶었을지도 모를 일이겠지만), 그래서 아마도 간호사께서 잠시 헛갈리지나 않으셨을까 생각했다. 호칭 하나를 어떻게 선택하느냐의 문제가 듣는 이의 감정에 일으킬 수 있는 소용돌이의 규모는 감히 짐작조차 못할 일이다. 내 다시는 그 치과에 가지 않으리라는 생각부터 들었으니까 말이다.*

---

\* 나의 기분을 언짢게 하였던 간호사 선생님의 "아버님"이란 호칭이 알고 보니 적절한 것이었다면? 그 적절성에 대한 판단은 대체 누가 어떻게 하는 것일까?

"선생님"이 여러 장면에서 쓰이게 되었지만, 각 경우에 떠올려지는 선생님의 의미는 또 분명히 구분이 되는 것 같습니다. 비슷한 말로 '여사님'도 있네요. 삼촌, 이모, 이런 친척 부르는 호칭도 그냥 친밀감을 담아 여기저기에서 쓰이더라고요. 친절 사회가 되는 것인지, 저는 호칭 인플레 같다는 생각도 듭니다. 아줌마, 아저씨(이것도 과거엔 친척을 부르는 말이었다고 들었어요)도 담백하고 좋은데, 어느새 이런 말을 들으면 기분 나빠해야 하는 세상이 되었어요.

의미가 변화하는 경우야 아주 많죠. "여사님"에 해당하는 영어의 "lady"도 동일한 변화를 겪습니다. 본래 lady는 군주의 부인을 일컫는 말이었는데, 지금은 cleaning lady, sales lady와 같이 쓰죠. 의미가 넓어진 경우로, generalization(일반화)이라고 합니다.

의미는 넓어지기만 하는 것이 아니라 좁아지기도 하고요(specialization), 좋아지기도 하고(amelioration), 나빠지기도 합니다(pejoration).

길을 물을 때 선생님이란 호칭으로 상대방을 부르면 상대방이 존중 받는다는 생각이 드는지 더 친절하게 알려주시는 것 같아요. 호칭이 상대방의 마음을 들었다 놓았다 하니 말이란 마법과도 같네요.

# 언어, 제스처, 문화

**25**

언어학에 이제 막 입문하는 학부생들에게 언어가 무엇이냐고 물으면 열의 아홉은 의사소통의 수단이라고 답한다.

무언가의 의미를 파악함에 있어 "A = A이다."와 같은 정의를 내리는 것이 가장 정확한 방식이 될 수 있을 텐데, 그와 같은 정의는 많은 경우 말장난처럼 여겨지기 마련이다(tautology의 사례가 되겠다). 그래서 "A = B이다."와 같은 형식을 빌려 "언어는 의사소통의 수단이다."와 같이 정의하겠다는 것인데, 사실 이와 같은 정의는 여러 면에서 문제가 있다. 그 여러 문제점 중의 하나로, 우리는 언어가 의사소통의 수단으로서만 기능하는 것이 아니라는 점을 고려해야 하고, 거꾸로 의사소통의 수단으로 사용되는 것이 언어만은 아니라는 사실도 잊지 말아야 한다.

언어 외에 인간이 사용하는 의사소통의 수단으로 제스처가 있다. 의사소통의 수단으로서의 제스처는 경우에 따라 언어에 비해 훨씬 더 강력한 힘을 가진다. 예를 들어, 말로 구구절절 설명하는 것보다 상황에 딱 맞는 제스처를 구사함으로써 나의 메시지를 또렷하게 전달하게 되는 경우를 생각해 볼 수 있을 것이며, 언어적 배경이 서로 다른 두 사람이 상호 교류하는 장면에서 언어 대신 제스처를 통해 의사소통하는 경우도 떠올려볼 수 있을 것이다. 특히 후자의 경우는 언어가 제 역할을 다하지 못하는 상황에서도 제스처만큼은 의사소통의 매개체로서의 기능을 충실히 수행할 수 있음을 의미한다.

말이 많은 사람이 있듯 제스처가 다양하고 풍부한 사람이 있고, 말수가 적은 사람이 있듯 제스처 사용에 상대적으로 인색한 사람도 있다. 또한 언어가 변하듯 제스처도 변한다. 그래서 예전과는 다른 방식으로 사용되는 제스처가 있다. 유행어가 있듯, 어느 특정 시점에서 혹은 어떤 특정 집단 내에서 유행하는 제스처도 있다.

문화권에 따라 언어가 다르듯 제스처도 다르다. 언어가 통하지 않으면 의사소통이 단절되고 말 뿐이지만, 상호간 통하지 않는 제스처를 쓰게 되는 경우에는 그보다 문제가 더욱 심각해

질 수도 있다. 예를 들어, 우리에겐 오케이 사인으로 여겨지는 것이 생각보다 많은 나라에서 부정적인 의미를 가질 수 있으며, 손가락 두 개로 브이(V)를 만들어 보이는 제스처가 어떤 나라들에서는 욕설로 받아들여지기도 한다.

언어교육과 관련해서 우리가 생각해 볼 수 있는 가정 중의 하나로, 목표어의 성취수준이 높아질수록 제스처의 사용도 목표 문화의 그것

과 닮아가지는 않을까 하는 기대를 해볼 수 있다. 영어를 배우는 한국인 학습자의 경우 초급 단계에서는 한국식의 제스처에 의존하는 반면, 성취수준이 높아짐에 따라 점차 영어권 문화의 제스처를 따르게 되리라는 가정 말이다. 물론 이에 대해서 직접적인 연구가 아직은 이뤄진 바 없다.

이러한 가정과 관련하여 대학에서 수업을 하다보면 예전에 비해 요즘 학생들의 경우 제스처를 조금 다른 양상으로 사용하고 있음이 느껴진다. 우선 제스처의 사용이 더욱 빈번하고 다양해졌으며, 그 구체적 사용 양상도 서구식으로 바뀌어 감을 엿볼 수 있는 대목들이 많다.

예를 들어, 어릴 적부터 나에게 익숙한 방식대로라면 "이리 와"는 손바닥을 아래로 내리고 손가락을 앞뒤로 흔들어서 표현하였다. 거꾸로 손바닥을 위로 하여 손가락 네 개를 내 쪽으로 흔드는 것은 사람에게는 쓸 수 없는 것이어서, 강아지를 부를 때나 쓰는 것으로 알고 있었다. 그런데 영미문화권에서는 우리와는 정반대의 방식으로 제스처를 쓰고 있어 우리 입장에서 강아지를 부를 때나 사용하는 제스처가 "이리 와."라는 뜻이고, 거꾸로 우리가 "이리 와."라고 하면서 사용하는 제스처는 "저리 가."의 뜻이 되어 버린다. 그래서 이와 같은 제스처의 실제에 대해 익숙하지 않은 경우, 말로는 "이리 와."라고 하면서 손짓으로는 "저리 가."와 같이 표현하는 어처구니없는 상황이 벌어지게 된다. 그런데 요즘의 아이들의 경우엔 과거와는 달리 "이리 와."와 "저리 가."와 관련한 제스처를 영미권 문화의 방식으로 사용하고 있는 것처럼 보인다.

손가락을 이용하여 숫자를 세는 장면에서도 요즘 아이들과의 세대차이(?)가 느껴진다. 예전에는 손가락으로 열까지  세라고 하면 응당 한 쪽 손을 쫙 펴고 시작했다. 그리고 엄지손가락을 접고는 "하나", 검지를 접고는 "둘"과 같은 방식으로 숫자를 셌다. 그런데 요즘 학생들은 주먹을 불끈 쥐고 시작한다. 그리고 마치 영미권 화자들이 그러하듯 검지를 하나 펴서 "하나", 중지를 펴서 "둘"과 같이 센다.[*]

목표 언어에서의 성취수준이 높아질수록 목표 문화의 제스처 방식을 습득하게 될 것이라는 가정이 실제로 들어맞는다면, 이는 언어와 제스처 간의 밀접한 관계를 의미하게 된다. 그것이 모국어이든 제2언어이든, 언어를 학습한다는 것은 목표 언어와 관련된 제스처까지를 학습하게 됨을 의미하는 것이다.[**]

---

[*] 한 손만으로 숫자를 열까지 셀 수 있는 문화는 내가 아는 범위에서는 우리나라와 중국밖에 없다. 그런데 중국과도 또 달라서, 우리의 경우에는 손바닥을 펴고, 엄지, 검지, 중지, 약지, 새끼손가락까지를 하나씩 접어가며 1부터 5까지를 세고, 그 상태에서 다시 거꾸로 새끼손가락, 약지, 중지, 검지, 엄지를 하나씩 펴가며 6부터 10까지를 센다. 다시 말해, 우리의 경우 예를 들어 4와 6이 동일한 제스처로 표현된다. 혹시 외국인 친구가 있다면 이와 같은 숫자 세기 방식을 선보여 보라. 우리에게는 당연하게 여겨지는 이와 같은 제스처에 대해 그는 까무러치게 놀랄 것이다.

[**] 하나만 더! 과거에 겪었던 경험과 미래에 있을 법한 일에 대해 이야기를 한다고 가정해보자. 과거의 일에 대해서는 왼쪽과 오른쪽 중 어느 쪽을 가리키며 말을 하겠는가? 거꾸로 미래의 일에 대해서는? 이번엔 앞쪽과 뒤쪽 중 어느 쪽을 가리키며 미래에 대한 이야기를 하겠는가? 한국 사람이라면 왼쪽이 과거, 뒤쪽이 과거일 가능성이 농후하다. 거꾸로 오른쪽과 앞쪽은 미래가 될 것이다. 그런데 놀랍게도 아랍 사람들은 그 방향이 정반대로 표현된다. 자연스러운 상황에서 표현되는 그들의 제스처를 보면 왼쪽과 뒤쪽이 미래, 오른쪽과 앞쪽이 과거로 나타난다.

교수님의 글을 읽고 보니, 제스처도 언어 교육의 일부로 꼭 가르쳐야겠다는 생각이 듭니다. 의사소통을 잘하려면 비언어적 요소도 매우 중요할 테니까요. 그런데 목표언어 성취 수준과 제스처가 상호 밀접한 관련이 있다면, 다양한 매체를 통해 이미 영미권의 제스처를 많이 접한 아이들은 혹시 영어 학습이 더 쉬울까요? 영어에 대해 편안한 마음을 가질 수도 있겠다는 생각이 듭니다.

사실 언어도 마찬가지이겠지만, 제스처라는 것이 과연 명시적으로 배워질 수 있을지에 대해서는 의구심이 듭니다. 자연스럽게 습득하여 체화할 수 있도록 하는 것이 바람직한 목표가 아닐까 합니다. 물론 명시적 설명이 그 과정에서 어느 정도 도움이 되기는 하겠지요.

# 전아무개(47) 씨

26

새로운 학년이 시작되고 대개 3월 둘째 주쯤 되면 대면식이라고 불리는 중요한 학과행사가 어김없이 열린다. 이제 막 고등학교를 졸업하고 대학이라는 새로운 세상에 들어선 신입생들과 그들과 4년을 함께 보낼 학과 교수님들이 한자리에 모여 인사와 덕담을 나누는 귀중한 자리이다. 학과의 같은 학번으로 입학한 학생들을 전체적으로 한자리에서 마주할 수 있는 기회는 사실상 대면식이 유일하다. 한 학번의 학생 전체를 모두 불러 모을 기회가 다시는 없을 뿐더러, 혹여 기회가 생긴다 하여도 아이들은 각자 사정으로 바쁘기 마련이다. 그리고 신입생 대면식이 이뤄지는 즈음이 아이들이 가장 순진하고 말을 잘 듣는 시기여서 시간이 좀 지나고 나면 특별한 사정이 없다 해도 잘 나타나지 않는 경우들이 종종 있다.

　대면식은 대개의 경우 신입생들이 돌아가며 자기소개를 하는 것으로 시작된다. 요즘 입학하는 아이들이 대략 26~27명 정도 되다보니 시간이 제법 걸릴 것을 염려하여 학과장 선생은 자기소개를 간략하게 해달라고 주문하곤 한다. 그 특별한 주문이 문제인지도 모를 일이긴 하다.

　아이들의 자기소개는 10초를 넘기는 경우가 매우 드물다. 십 수년째 아이들을 대면식을 통해 만나오면서, 자기소개 시간이 저렇게 짧을 수도 있구나 하는 점이 늘 인상적이다.

　그런데 그보다 더욱 인상적인 것은 자기소개의 내용이다.

　26~27명의 아이들은 번갈아 일어나 다음과 같이 말한다.


　*"안녕하세요? 저는 청주에서 온 스무 살 홍길동입니다. 잘 부탁드립니다."*

　*"안녕하십니까? 저는 부산에서 온 스무 살 홍길순입니다. 열심히 하겠습니다."*

　*"안녕하세요? 저는 서울에서 온 스무 살 홍길준입니다. 열심히 해서 꼭 교사가 되겠습니다."*

　*"안녕하세요! 제 이름은 홍길숙입니다. 지켜봐 주십시오. 아, 저도 스무 살입니다."*

*…*


　10초가 채 못 되는 그 짧은 자기소개 내용 안에 공통적으로 들어가는 요소가 셋이다.

　출신 지역과 이름, 그리고 나이 정보. 여기서 나이 정보가 참으로 재미있는 것이, 사실상 아이들의 거의 대다수가 스무 살이다. 십 수년 전에도 스무 살짜리 신입생들을 만났고, 이번 2022년 3월에도 스무 살 먹은 신입생들을 만났더랬다. 대부분이 스무 살이고 가물에 콩 나듯 열 아홉 살 혹은 스물 한 살이나 스물 두 살 먹은 아이들이 있을 뿐이다. 미안하지만, 어떤 아이가 스무 살인지 스물 한 살인지는 대면식 자리에서 전혀 의미를 가지지 못하여 어쩌면 10초의 시간마저 아깝게 만들고 마는 불필요한 정보에 불과하다. 내 입장에서만 보자면, 왜들 한결같이 별스런 정보도 아닌 스무 살이라는 (열 아홉이나 스물 하나도 마찬가지) 이야기를 앵무새처럼 반복하는지가 매우 신기하고 인상적일 수밖에 없다.

주지하듯, 이것은 한국식 문화의 충실한 반영이다.

우리의 문화는 타문화와 비교하여 상대적으로 서열을 강조하는 문화이며, 서열을 결정함에 있어 그 어떤 요소보다도 나이가 중요하게 작용하곤 한다. 처음 만나자마자 "민증부터 까서" 네가 손위인지 내가 손위인지를 따져야 비로소 개운한 관계가 시작된다. 첫 만남에서 나이와 관련하여 서열을 확실히 정리하지 못했을 경우라면 집으로 돌아오는 길 내내 찜찜함이 가시질 않는다.

나이 문제가 민감한 연예계에서는 본래 나이를 드러내지 않는 것이 관행(?)이다 보니 서로 "족보"가 꼬이는 것이 다반사이고, 그로 말미암아 빈정이 상한 아무개와 아무개가 다툼을 벌였다는 스캔들마저도 제법 들린다.

우리 문화가 나이에 대해 얼마나 민감한지를 잘 보여주는 사례가 또 있다.

나는 학교까지 운전을 하며 라디오를 자주 듣는 편이다. 이런저런 프로그램들에 귀를 기울이다보면 특히 청취자와의 전화 연결 코너에서 귀가 번쩍 뜨이곤 한다.

라디오 진행자와 전화 연결된 청취자 사이의 대화 시작은 거의 한결같은 모습으로 나타난다. 경험상 열 번 중 아홉 번의 경우는 다음과 같은 패턴으로 대화가 시작된다.

*진행자: 여보세요? 안녕하세요. 자기소개 부탁드립니다.*
*청취자: 안녕하세요? 청주에 사는 스무 살 홍길선입니다. 반갑습니다.*

예외에 해당한다고 말할 수 있을, 열 번 중 한 번의 경우에는 청취자가 본인 나이를 말하지 않는다.

*진행자: 여보세요? 안녕하세요. 자기 소개 부탁드립니다.*
*청취자: 안녕하세요? 청주에 사는 홍길선이라고 합니다. 반갑습니다.*

그러면 또 거의 예외 없이 진행자는 청취자가 몇 살이나 먹었는지를 캐묻는다.

청취자가 본인의 나이를 밝히는 것을 어찌된 연유에서인지 꺼리는 찰나 진행자는 지지 않고 다음과 같이 말하는 재치(?)를 보이기도 한다.

*진행자: 아휴, 괜찮아요. 몇 학년인지만 말씀해 주세요.*

여기에도 어김없이 사는 지역, 이름과 더불어 나이 정보가 출연한다. 한국 사람이라면 이와 같은 자기소개 패턴이 새로울 바 없겠지만 (신입생 26~27명이 십 수년째 본인이 스무 살임을 말하여 오고 있고, 라디오 청취자 중 열의 아홉이 본인 나이를 꼭 포함하여 자기를 소개하는 문화이니 대개의 경우 그것이 새롭게 느껴질 리 만무하다), 정말 기이한 일이 아닐 수 없다.

> 정부가 7일 중동호흡기증후군(메르스) 확진 환자가 발생한 병원뿐 아니라 환자들이 거쳐간(경유) 병원 이름을 모두 공개하자 시민들은 알 권리 차원에서 당연한 조치라고 반기면서도 여전히 불안함을 감추지 못했다. 일부 병원은 억울함을 호소하기도 했다.
>
> 이날 오후 찾은 경기 수원시 팔달구 지동 가톨릭성빈센트병원 응급의료센터는 적막하기만 했다. 이곳은 평소 하루 평균 150명 안팎의 응급환자들이 몰리는 붐비는 곳이다. 그러나 이날 대기실엔 보호자 한두 명이 오갈 뿐, 의료진조차 눈에 잘 띄지 않았다. 주민들 사이에서 이미 며칠 전부터 메르스 환자가 있었다는 소문이 퍼지면서 병원을 찾는 발길이 뜸해졌다고 한다. 이 병원은 메르스 환자가 다녀간 것으로 이날 공식 발표된 병원 가운데 하나다. 병원 인근에 사는 주부 이희선(45)씨는 "병원 근처에 사니 불안하다. 주민들은 이미 다 아는데 정부가 정보를 감추니 더 공포에 떠는 것 아닌가"라고 말했다.
>
> 환자가 발생한 병원 두 곳이 공개된 대전에 사는 전아무개(47)씨는 "늦은 감이 있지만 정부가 병원을 공개한 것은 당연한 조치다. 국민의 알 권리 차원에서 바람직한 조치"라고 말했다.
>
> 한겨레신문, 2015년 6월 7일, http://www.hani.co.kr/arti/society/area/694688.html

---

\*    나이에 대해 "몇 학년 몇 반"이라 표현하는 것을 나는 비교적 최근에야 알았다. 처음에는 무슨 말인지도 몰랐다. 정말 재미 있는 표현이다.

기이한 일은 일상의 자기소개 장면에서만 목격되는 것은 아니다. 우리나라의 신문이나 방송 등의 매체를 보면 세계적으로 유례를 찾아볼 수 없을 만큼 신기한 방식으로 정보원에 대해 소개한다.

인용한 신문기사에서 두 번째 단락의 "이희선(45)씨"에 대한 언급 방식이 신기하다는 말이다. 인터뷰에 응한 정보원 이희선씨에 대한 나이 정보가 반드시 포함되어야만 하는 것이 우리의 매체 문화이다.

더욱 비범한 것은 마지막 단락의 "전아무개(47)씨"라는 표현이다. 전아무개씨는 아마도 본인의 실명이 게재되는 것을 허락하지 않았던 모양인데, 그럼에도 불구하고 기사는 전아무개씨의 나이만큼은 빼먹지 않고 소개하고 있지 않은가!

외국에서 온 친구가 한국 사람들은 나이에 너무 예민한 거 같다고 한 말이 생각나네요. 정말 우리나라는 유독 나이에 민감한 것 같아요. 사실 한두 살 차이는 긴 인생을 보면 아무것도 아닌데 말이죠.

이름을 밝히지 않으려는 전아무개 씨의 나이를 굳이 포함하여 보고하고 있는 기사문은 정말 재밌네요. 그런데 대놓고 웃을 수 없는 제 에피소드가 생각납니다. 남자 후배를 아주 오랜만에 만났는데, 반갑다는 제 첫 마디가 "야, 오랜만이다! 너 몇 살이고?"라고 해서 꼰대가 된 얘기입니다. 그 후로 그 후배를 포함한 모임이 생겼는데 "너 몇 살이고?"가 유행어가 되었어요. 세월이 많이 흘렀다는 걸 표현하고 싶었는데, 대뜸 몇 살인지 물으니 후배가 얼마나 당황했을까요! 반성합니다.

오래 전에 중학교 교과서 집필을 하던 때의 이야기입니다. 필자 선생님 한 분이 한국 아이가 비행기 안에서 또래 외국인을 처음 만나 이야기를 하는 장면을 상정하여 대화문을 써 오셨습니다. 대화문을 보고 기겁했던 기억이 납니다. 한국 아이는 처음 만나는 외국 아이에게 본인의 이름을 말하고, 한국에서 왔다고 하였으며, 몇 살인지를 밝히고는 이내 상대의 나이를 묻고 있었습니다. 영어 선생님마저도 나이를 먼저 캐묻는 습관이 깊숙이 배어 있구나 싶었습니다.

# 6장

# 사투리

사투리는 특정 지방에서 쓰는 말을 의미하며, 언어학에서는 그와 유사하면서도 조금 더 포괄적인 개념으로 방언이라는 용어를 주로 쓴다. "팔도강산", "팔도사투리"라는 굳어진 표현이 있으나 학문적으로 보자면 한국어에는 대체로 여섯 개의 방언이 있다고 이해된다. 방언의 구획이 행정구역과 반드시 일치하지는 않지만, 대개 평안도 지역을 중심으로 하는 서북 방언, 함경도 중심의 동북 방언, 경기와 서울, 황해도, 강원도, 충청도를 아우르는 중부 방언, 전라도 중심의 서남 방언, 경상도 중심의 동남 방언, 그리고 마지막으로 제주도의 제주어로 구분된다. 한때 방언, 즉 사투리의 사용은, 특히 미디어의 영향으로 말미암아 특정한 배역이나 (주로 희화화된) 분위기를 표현하는 수단으로 여겨졌다. 소위 "표준어"에 비추어 교양 없음의 척도로도 생각되었기에, 이제 막 상경한 지방 사람들의 경우 자신의 말씨를 굳이 드러내지 않으려고 애쓰던 시절도 있었다. 그러나 그게 어디 쉬운 일이던가? 다행스럽게도 사람들의 인식은 이제 많이 달라진 것으로 보인다. 서로가 다름을 인정하는 문화가 더해지면서 화자 간 서로 다른 언어 사용의 실제에 대해 더 이상 신기해하거나 불편해하지 않는다. 도리어 말씨를 통해 자신을 더욱 분명히 드러내고자 하는 모습도 쉽게 찾아볼 수 있다. 실로 언어는 의사소통의 수단을 넘어 언어 사용자 집단의 정체성(identity)을 나타내는 중요한 표지라 하겠다.

# 어디 가나? vs. 어디 가노?

경상도 말에서는 "어디 가나?"와 "어디 가노?"의 의미가 서로 다르고 그 분포가 상보적(즉, 배타적)이다. 나는 이것이 사람들 사이에 지극히 널리 알려진 내용일 것이라 생각해 왔는데, 그렇지만도 않을 수 있겠다는 사실을 최근에야 알았다. 부산에서 나고 자라 부산대에서 박사까지 마치신 우리 대학의 동료 교수님 한 분과, 김해가 고향이신 인제대학교의 교수님 한 분, 즉 뼛속까지 경상도의 피가 흐를 법한 두 선생님들께서 처음 듣는 말이라며 신기해하셨기 때문이다.

"어디 가나?"는 yes/no 의문문으로서 그에 대한 답은 "예." 혹은 "아니요."가 되어야 옳다. 이에 비해 "어디 가노?"는 wh-의문문이어서 가고 있는 목적지를 응답으로 제시해야 옳다. "어디 가나?"에 대해 "부산역이요."와 같이 답하는 것이 어색하고, "어디 가노?"에 대해 "네."와 같이 답할 수는 없다. "뭐 먹나?"와 "뭐 먹노?" 역시 마찬가지이다. 그래서 "빵 먹나?"는 가능한 말이지만, "빵 먹노?"는 할 수 없는 말이다.

이를 두고 혹자는 경상도 말이 매우 정확하다고 말한다. 종결 어미 하나로 두 가지의 서로 다른 의문문의 형태를 구별할 수 있다는 것이 그 이유이다.

물론 예를 들어 서울말에서는 얼핏 이와 같은 차이가 도드라지지 않는 것처럼 보인다. 어딜 가고 있는 것이 맞는지를 확인하는 경우나 가고 있는 곳이 정확히 어디인지를 묻는 경우나 "어디 가니?"와 같이 동일하게 표기될 것이기 때문이다.

그런데 한 가지 간과되는 사실이 있어 보인다. 그것은, 비록 서울말에서의 "어디 가니?"에 두 가지의 의미가 있는 것은 분명하겠으나, 각각의 경우에 "어디 가니?"의 억양이 서로 다르게 구현된다는 점이다. 그래서 yes/no 의문문에서는 뒤쪽으로 갈수록 억양이 높아지게 되는 반면, wh-의문문의 경우 "어디" 부분의 억양이 상대적으로 더 높게 구현되게 된다.

경상도 말의 "어디 가나?"와 "어디 가노?"도 마찬가지여서, 적절한 억양과 함께 구현되어야만 각각의 의미가 정확히 전달되게 된다.

사투리는 그 특징이 어휘에만 있는 것이 아니어서, 정확한 사투리 사용을 위해서는 말의 억양까지를 제대로 구현해야만 한다. 어떤 사투리를 제대로 흉내 낸다는 것이 그만큼 어려운 일이라는 뜻이다.

나는 내 고향 충청도 말을 많이 잊었다고 생각하며 살아왔다. 스무 살이 되어서부터 타지 생활을 계속해 왔기 때문이다.

언젠가 주변 사람들이 재밌는 말이라며 내게 퀴즈 하나를 낸 적이 있다. 충청도 말로 "개고기를 드시나요?"를 뭐라고 하는지 아느냐고. 모르겠다고 말하니 "개 혀?"가 답이라고 했다. 그런데 그 답을 들으면서도 그게 왜 답이 되는 것인지 선뜻 이해가 되질 않았다. 시간이 좀 지나 혼잣말을 해보니 그제야 그 말의 어감이 확 살아났다. 나에게 퀴즈를 제시한 이는 충청도 사투리를 흉내만 내고 있었을 뿐이었다. "개 혀?"를 정확한 충청도 억양과 함께 말했더라면 금세 알아들었을 텐데 싶었다. 내 언어 생활 저 깊숙이 내 고향말의 흔적이 고스란히 남겨져 있다는 사실을 깨닫는 순간이었다.

"어디 가나?"와 "어디 가노?"의 구별은 중세국어의 특징이 경상도 말에 남아 있다는 증거로 해석이 된다. 중세국어에서는 지금의 경상도 말처럼 yes/no 의문문과 wh-의문문을 구별하여 썼다는 것이다.

이와 관련한 언어 현상으로 변방 콤플렉스(peripheral complex)를 생각해 볼 수 있다. 우리의 일반적인 착각 중의 하나로, 중심이 아닌 변방에서 더욱 급진적인 변화가 있을 것이라고 예상하곤 한다. 멀리 떨어져 있기에 중심의 힘이 변방에까지 미치지 못할 것이라고 생각하는 것이다. 그러나 반대의 경우들에 더욱 주목해야 할 필요가 있다. 변방의 경우 중심으로부터 멀리 떨어져 있다는 사실에 대해 콤플렉스를 가지기 마련이다. 그러한 나머지 시간이 흘러 중심에서는 이미 변화가 한참 지속되어 새로운 모습을 가지게 되었음에도 불구하고, 변방은 과거의 중심부의 특성을 고스란히 유지하고자 하는 성향을 보이곤 한다.

관련된 맥락에서, 미국영어와 영국영어 중 보다 보수적인 언어는 미국영어이다. 영국영어에서 미국영어가 떨어져 나왔음에도 불구하고, 변방에 해당하는 미국영어에서 영어의 보수적인 측면이 더욱 도드라지게 유지되고 있는 것이다.

"가노?", "가나?"는 경상도가 고향이신 아버지가 잘 구분해서 쓰시는 말인데 한 번도 생각해보지 않았네요.

그리고 저는 미국영어가 더 보수적일 것이라 생각지 못했는데요, 신기하네요. 문화의 특성이 영국은 보수적, 미국은 개방적이라고 들어왔으니 언어도 그럴 것 같았거든요. 어떤 면에서 미국영어가 더 보수적인지 예를 하나만 알려주실 수 있으실지요?

미국영어의 보수성은 잘 알려진 내용이에요. 많이 언급되는 예로 fall은 중세의 세익스피어 시절에 쓰던 말이죠. 영국은 라틴식의 autumn을 쓰게 되었고요.

아 그렇군요! 설명 감사합니다.

변방 컴플렉스라는 말이 재밌죠. 변방이 중앙에 비해 언제나 보수적인 것은 당연히 아닙니다. 그런 측면도 있고 이런 측면도 있을 뿐…. 변방 컴플렉스는 양 측면 중 어느 한 면을 설명하기 위한 방식일 뿐이죠.

참고로, 변방 컴플렉스는 다른 뜻으로도 쓰이는 것 같아요. 우리가 말하는 건 언어학적 관점에서 주변이 중앙을 동경하여 보수성을 지켜가는 것을 말하고요, 지금 당장 찾아본 것은 아니지만 정치하는 사람들도 이 말을 자주 쓰는 것 같더라고요. 한반도의 변방 컴플렉스를 극복하여 어쩌고 저쩌고 해야 한다고…. 아마 지정학적 측면에서의 특수성을 말하는 거겠죠? 같은 듯 다른 이야기랍니다.

# 행수야 행수야

28

김행수는 내가 좋아하는 선배의 이름이다(행수 형! 형의 이름을 거론하여 미안합니다). 군 입대를 앞둔 어느 겨울날 후배 둘과 함께 2박 3일 여행을 한 적이 있다. 나의 고향인 부여를 먼저 들른 후, 전라도로 내려가 강진, 목포, 해남 등지를 둘러보았고 경상도로 넘어가 진주, 남해 등을 돌아보았다. 행수 형의 고향은 남해였고, 진주에서 고등학교를 나왔다. 우리 셋은 진주에서 형을 만났고 남강을 둘러본 후 남해로 넘어가 하루를 묵었다. 행수 형의 고향집은 바닷바람이 거센 곳에 자리를 잡고 있었다. 집 위쪽에 위치한 널찍한 밭에 올라서면 매섭게 돌진해 오는 바람에 온몸이 휘청거렸다.

행수 형은 내가 아는 사람 중에 공을 가장 잘 차는 사람이다. 주말마다 기숙사 운동장에서 축구 시합이 열리곤 했던 대학교 1학년 시절, 행수 형은 언제나 열외 취급을 받았다. 형이 등장하는 순간 게임의 추가 한 쪽으로 금세 기울어져 버렸기 때문이었다. 행수 형의 운동화는 늘 구멍이 나 있었는데, 그렇게 다 해진 신을 신고도 형은 펄펄 날았다.

우리 쪽 골대부터 공을 몰기 시작해 순식간에 반대편 쪽 골대에 도달하였고, 형이 찬 공은 예외 없이 상대편의 골망을 시원하게 갈랐다. 행수 형이 어쩌면 그렇게 공을 잘 차는지 궁금하였는데, 그 시절 남해 여행을 통해 비로소 답을 얻게 되었다. 형은 어린 시절 고향집의 바닷바람 거센 밭에서 늘 공을 가지고 놀았다고 했다.

행수 형의 부모님은 우리를 살갑게 맞아 주셨다. 아버님께서 손수 잡아 오신 문어가 저녁 찬으로 올랐다. 바닷가 음식 특유의 비릿함을 처음으로 경험하는 특별한 자리였다. 한편, 그날 저녁이 더욱 특별했던 것은 식사시간 내내 이어진 부모님과 행수 형 세 사람 간의 대화 때문이었다. 그것은 나를 미궁으로 밀어 넣기에 충분하였다.

*"행수야, … 행수가 … 행수는 … 행수를 … 행수한테 …"*

아버님, 어머님, 그리고 행수 형은 끊임없이 "행수"를 언급하셨다. 행수 형을 바로 앞에 두고 왜 저리 행수를 찾아 대시는가 의아스럽기만 했다. 행수 형은 또 왜 만 3세도 채 못된 아이 마냥 스스로를 "행수"라고 3인칭화하여 지칭하고 있다는 말인가.

식사를 마치고 형과 함께 밖으로 나왔다. 이내 그 비밀을 물었다. 왜 형을 바로 앞에 두고 부모님께서는 계속 행수를 찾으셨느냐고.

행수 형은 다섯 형제 중 넷째다. 내 기억이 맞다면 위로 두 형님이 당시 결혼을 하셨고, 그래서 행수 형에게는 형수가 두 분이 계셨던 상황이었다. 큰 형수와 둘째 형수. 오랜만에 넷째 아들을 반갑게 만난 부모님께서는 가족들의 근황에 대해 한참 말씀 중이셨다. "큰 행수"와 "둘째 행수", 그리고 식탁에 함께 있던 "행수"까지 세 사람이 번갈아가며 대화의 흐름을 타고 등장하니 듣는 사람에겐 그야말로 혼돈의 저녁상이었다. 남해에서는 "형수"를 "행수"라고 발음하였던 것이다. 아니 적어도 충청도 태생의 나에겐 그렇게 들렸다.

흔히 팔도 사투리라고 말하지만, 이는 15세기에서 19세기 후반까지 유지하였던 조선의 여덟 개 행정구역(함경, 평안, 황해, 강원, 경기, 충청, 경상, 전라)을 기초로 하는 개념일 뿐이다. 학문적으로 보자면 대한민국의 방언은 동북방언, 서북방언, 중부방언, 서남방언, 동남방언, 제주방언의 여섯 개로 일반적으로 구분된다. 여섯 개의 서로 다른 방언은 어휘와 억양 등 여러 측면에서 저마다의 특징을 가진다. 그리하여 행수 형의 고향집 저녁식사 자리에서처럼 곤란함을 초래할 수는 있겠지만, 그렇다고 하여 기본적인 의사소통 자체가 불가능한 수준은 아니다.

전 세계의 언어는 대략 6,000개쯤에 이르는 것으로 파악된다. 이때 제주방언과 중부방언을 독립된 언어로 취급하여 셈이 이뤄지지는 않는다. 한반도에 존재하는 여섯 개의 서로 다른 방언은 그저 하나의 한국어로 통합되어 계산이 된다. 그렇게 이해하고 나면 6,000개라는 숫자가 실로 대단하게 느껴진다. (2018년을 기준으로 UN 회원국의 수가 195개이다. 195개의 국가에서 사용하는 언어의 수가 6,000개에 이른다는 말이다.)

중국어에는 크게 7대 방언이 있다고 이해된다. 그런데 한국의 방언에서와는 다르게 중국의 경우 서로 다른 방언을 사용하는 화자 간에는 의사소통이 아예 불가능하다. 상황이 이렇다보니 중국 정부는 1955년 "보통화(普通話)"를 제정하기에 이른다. 이는 수도가 위치한 북경 지방의 방언을 바탕으로 하여 만든 표준중국어를 가리키는 개념이다. 보통화가 제정되고 국가적 차원에서 그 보급에 노력을 기울여온 결과, 2000년에는 절반 정도의 중국인이, 2017년에는 73%의 중국인이 보통화를 구사할 수 있게 되었다고 조사됐다. 한편, 중국어 교육을 전공하신 모 교수님의 강연을 통해 알게 된 사실로, 보통화의 보급으로 중국어의 표준화 정책이 실현되어감과 동시에 각 지역별로 보통화가 다시 현지화되고 있는 것이 큰 문제라고 한다. 본래 일곱 개 방언 화자 상호 간의 원활한 의사소통을 위해 보통화를 제정하고 보급하였으나, 보통화가 다시 각 지방별로 서로 다른 색깔을 가지게 되었고, 그 간극이 점차 커져만 가고 있다는 것이다. 중국 대륙의 거대함을 다시 한 번 느껴 볼 수 있는 대목이 아닐 수 없다.

그렇다면 중국어의 7대 방언은 6,000개의 언어 목록에 독립적인 언어들로 자리 잡고 있을까? 답은 "그렇지 않다."이다. 한국어에서와 마찬가지로 중국어의 서로 다른 방언들도 단 하나의 언어로 셈이 이뤄진다. 인간 언어 목록의 숫자 6,000개의 위업이 또다시 느껴지는 순간이다. 이 숫자가 얼마나 대단한 것인가 하면, 대략 2주에 하나 꼴로 언어 하나가 지구상에서 사라지고 있는 것이 엄연한 현실이기도 하다.

한국어의 여섯 개 방언은 상호 간 의사소통이 가능한 수준의 차이를 보이고, 중국어의 일곱 개 방언의 경우 서로 다른 방언의 화자 간 의사소통이 아예 불가능하다고 하였다. 물론 이때 한국어와 중국어는 완전히 서로 다른 언어이고 말이다. 그래서 한국어를 쓰는 사람과 중국어를 쓰는 사람이 서로 만나 각자의 언어로 대화를 시도하면 상호 간 통하는 말이 하나도 없을 것이라 예측해 볼 수 있다. 그런데 세계의 여러 언어와 관련하여 흥미로운 점 중의 하나는 언어 간 의사소통이 언제나 그렇듯 불가능한 것만은 아니라는 사실이다. 예를 들어, 스페인어 화자와 포르투갈어 화자의 경우 각자의 언어만을 사용한다 하더라도 서로 간의 뜻을 주고받는 데 있어 전혀 지장이 없다고 한다. 스페인어와 포르투갈어는 분명 제각기 독립적인 언어로서의 위상을 지녔을 지언데 그 차이가 내가 남해의 행수 형 고향집에서 느꼈던 정도의 의사소통의 불편함만을 초래할 정도라고 하니 그것 참 기막힌 일이 아닐 수 없다.

2주에 하나씩 언어가 사라지고 있다니 기막힌 일이네요. 어떤 언어의 마지막 사용자가 더 이상 자신의 모국어를 사용하지 않게 되는 경우는 부족이나 소수 민족의 멸망, 혹은 다른 사회로의 통합과 같은 상황인지요? 그러면서도 6,000개라면 또 새롭게 탄생하는 언어가 있다는 의미일까요? 혹은 영어, 스페인어 같은 주요 언어로 통합되어 서서히 전체 언어의 수가 감소하는 것일까요? 마치 생태계의 멸종과 진화를 보는 것 같네요.

일종의 통계의 함정일 수도 있겠습니다. 지난 몇 년 간 사라진 언어가 평균 몇 개인 상황에서 그 수치를 좀 더 다이나믹하게 보여주는 방식이요. 실제 해마다 평균 스물 몇 개의 언어가 사라지고 있죠.

언어의 소멸은 사용자의 소멸을 뜻하죠. 언급하신 부족, 국가, 민족의 소멸이 언어의 사멸로 바로 이어지지는 않아요. 언어란 것이 통제의 대상이 쉽게 되지 않기에…. 마지막 화자가 자연적으로 수명을 다했을 때 언어는 종말을 맞이하게 되지요.

언어 간 통합은 역시 목격되는 바가 잘 없는 것 같아요. 예를 들어 우리나라의 경우 이명박 정부 시절 제주도를 영어 공용어 지역으로 만들겠다고 했었죠. 이런 식이든, 정복과 식민지화를 통해서든 새로운 언어가 침투해 들어갈 수는 있겠지만 당장 통합이라고 말할 수 없는 것이, 기존의 언어가 당장 사라지지는 않거든요. 지하의 언어로 생존력을 가지게 되죠. 언어는 함부로 통제할 수 없는 대상이에요.

새로운 언어가 탄생한다는 말은 반쯤 맞아요. 언어와 언어가 접촉하면서 피진이 계속 생겨나거든요. 반쯤 맞는다는 말씀은, 그런 방식으로만 6천 개의 언어 목록이 구성되는 것은 아니어서 그래요. 우리가 몰랐던 새로운 언어가 지금도 언어학자들에 의해 지속적으로 알려지고 있답니다. 그게 언어의 또 다른 탄생 방식이 되겠네요.

# 그려

초등학교 입학까지도 한참이나 멀었던 오래 전의 일이다. 서울 사는 사촌형은 방학 때마다 시골 할아버지 댁에 놀러를 왔다. 자상한 성격의 형은 세 살 어린 나와 살갑게 놀아주었다. 며칠을 그렇게 붙어 놀다가 형이 다시 서울로 올라가는 날이면 하루 종일 눈이 퉁퉁 붓도록 울었다. 그러면 의젓한 말투로 형은 동생을 달랬다. "울지 말고…. 너가 형네 집에 놀러오면 되잖아, 이?" 형의 말투는 참으로 다정다감했다.

조금 커서 깨닫고 보니 형은 서울사람이 아니었다. 형은 정확히 경기도 평택시 안중면에 살았다(당시는 평택군이 아니었을까 싶다). 지금이야 나름 수도권 행세하는 지역이 되었지만, 당시엔 내가 살던 충청도 산골과 크게 다를 바 없는 시골이었다. 내가 살던 동네는 산과 논이 주변의 전부였음에 비해, 큰아버지 댁에 가서 둘러보자면 온통 염전만이 눈에 들어오더라는 차이점이 있었을 뿐. 형이 서울사람이라는 것은 나와는 다른 말투를 쓰는, 일 년에 두어 차례나 볼까말까 하는 특별한 손님에 대해 꼬맹이가 만들어낸 환상 같은 것에 지나지 않았다.

형이 나에게 지긋한 말투로 했던 말도 알고 보니 서울말이 아니었다. 말끝마다 "그지, 이~?"와 같이 덧붙이곤 하는 것이 형 특유의 말투였는데, 그것이 결국 형이 살던 경기도 평택 지역에서 쓰던 말이었구나 싶다.

대학입시에 낙방하고는 재수를 하기 위해 서울에 올라갔다. 충청도 부여와 공주에서 스물이 되도록 살았으니 꼬질꼬질하게 들러붙어 있던 촌티는 어쩔 수 없는 나의 숙명과도 같았다.

종로학원에서 재수생활이 시작됐다. 한 반에 100명이나 되는 콩나물시루 같은 환경이었는데, 그 중 40명 가량이 여학생이었다. 사방팔방을 둘러봐도 여학생들이 줌 인 되어 눈에 들어오던 시절이었다. 촌티 줄줄 흐르는 내 모습은 창피함의 근원일 뿐이었고.

한 달쯤 지났을 무렵이었을 것이다. 서울 출신의 멋진 친구들이 리더십을 발휘하여 자연스럽게 자기소개의 시간을 가지게 되었다. 한 사람씩 앞으로 나가 자기소개하고 노래 한 곡씩을 뽑는, 지금 와서 생각해보면 그 역시 촌스런 자리였다.

한 달 동안 구석에서 있는 듯 없는 듯 지내던 내게는 심장이 터져버릴 것만 같은 순간이었다. 내 순서를 기다리는 내내 숨은 턱턱 막혀 왔다.

어찌어찌 소개를 마치고 자리로 돌아왔다. 꽤 그럴싸하게 준비한 인사말을 하였고, 노래도 그럴듯하게 불렀으니 어깨가 으쓱해질 만도 했다.

그러나 재수생활이 거의 끝나갈 무렵에야 알고 말았다. 그 자기소개의 무대에서 내 별명이 생겨버렸다는 사실을. 그 시절 반 친구들이 나를 이르는 별명은 "그려"였다.

"그려"는 잘 알려진 충청도 사투리로 "그래"라는 뜻이다. 사실 굳이 설명이 필요 없을 정도의, 말하자면 충청도 사투리의 시그니처와도 같은 말이다. 나는 아마도 무의식 속에서 서울말을 하려 하였을 것이다. 어색하지만 억양은 어찌어찌 흉내를 내는데 성공하였을지도 모를 일이다. 다만 어휘 선택의 맥락에서만큼은 내 충청도 아이덴티티를 감추는 일에 실패하고 말았다. 그런데 사실 그것은 애당초 가능하지 않은 일이었을 것이다. 서울사람들이 쓰는 어휘를 선택하여 쓰기 위해 애를 썼든 애를 쓰지 않았든 사실상 불가능의 영역이었다는 말이다.

내가 구사하는 말은 내가 누구인지를 드러낸다. 그래서 언어가 무엇인가와 같은 질문에 대한 그럴듯한 답 중의 하나는 "언어는 나의 정체성이다"와 같은 답변이다. 나의 경우를 두고 말하자면, 나는 남성이기에 남성의 언어를, 서울 생활을 오래하였기에 서울말을, 그러면서 고향 사람을 만나면 충청도 말을, 학자이기에 학자의 언어를 쓴다. 내가 처한 환경에 맞춰가며 마치 카멜레온처럼 다양한 언어를 자연스럽게 구사한다.

언어는 나의 정체성을 드러내기 마련인데, 우리가 가진 정체성이 다중적이듯 우리가 구사하는 언어도 여러 겹의 옷을 두르게 되는 것이다.

교수님의 지난 시절 이야기를 들으니 교수님의 모습과 겹쳐지며 웃음이 납니다. 저도 얼핏 경상도 사투리가 쏙 들어간 것 같으면서도 무의식 중 볼쑥볼쑥 경상도 말이 튀어나오기도 하거든요. 특히 엄청 큰 목소리, 급한 말투에 충청도 친구들과 부딪혔던 기억도 납니다.

대전도 예전에는 충청도였는데 "그려"보다 "기야"를 썼던 것 같아요. 어릴 적 대전은 사투리가 없다고 생각했고, "기야"가 당연히 표준어인 줄 알고 썼던 기억이 나네요. 충북 영동 사는 친구는 "겨"라고 하더라고요. "그래"가 충청도 안에서도 비슷하지만 조금씩 다르게 쓰이고 있었습니다.

좁디 좁은 대한민국 안에서도 그렇게나 다양한 말이 쓰이고 있는데, 덩치가 더 큰 미국과 같은 나라에는 도대체 얼마나 다양한 말이 있을까요? 우리야 서울을 중심으로 모든 것이 돌아가고 있기에 서울말이 한국어의 중심쯤 되는 것으로 생각해 볼 수 있겠지만, 미국의 경우라면 도대체 어떤 말을 중심으로 삼아야 하는 것일까요? 영어교육과 관련해서 매우 중요한 이야기랍니다. 우리가 목표로 해야 하는 영어가 과연 무엇이어야 하는지, 그 실체는 과연 존재하기나 하는 것인지, 고민이 필요한 대목이 아닐 수 없습니다.

영국의 리버풀에 보름 정도 머물렀던 적이 있습니다. 리버풀의 액센트를 스카우스(Scouse)라고 하는데, 기차로 불과 세 시간 가량 떨어진 런던의 액센트와는 달라도 너무 달라 당황했던 기억이 생생합니다. 정말이지, 영어교육에서는 무엇을 중심으로 삼아야 하는 것일까요?

스카우스에 대해서 관심 있으시면 한 번 찾아보세요. 인터넷에 자료가 아주 많은 것 같더군요.

# 검둥이 흰둥이

**30**

특정 환경 조건을 나타내는 생물을 가리키는 것으로 지표종(indicator species)이라는 말이 있다. 어릴 적 내가 살던 동막 마을의 공동 우물에는 민물 가재가 살았는데, 커서 알고 보니 그것은 간단한 정수 처리만으로도 식수로 사용할 수 있다는 1급수의 지표종이었다. 어딜 가나 쉽게 만날 수 있었던 동네 우물이 이젠 없고 그만큼 가재 보기도 힘든 세상이 되었지만, "도랑치고 가재 잡는다", "가재는 게 편" 등의 속담에서 미루어 짐작할 수 있듯, 가재는 흔하디흔한 존재였다. 흔하디흔한 가재를 찾아보기 어렵다는 것은 가재의 서식지인 1급수가 이젠 귀하신 몸이 되었다는 뜻이기도 하겠다.

제주도를 처음 방문한 육지 손님들은 야자수의 이국적인 모습에 이내 감탄한다. 야자수는 우리나라의 경우 제주도나 육지의 남해안에나

가야 볼 수 있는 아열대 기후
를 상징하는 지표식물이다.
한편, 제주도를 떠나 뭍으로
쭉 따라 올라가다보면 대나
무를 만나게 된다. 담양의 죽
녹원, 울산의 태화강 십리대
밭에서 만나는 거대한 대나
무 숲은 가히 절경이다. 대나무는 온대 기후대를 상징하는 대표적인
지표식물로, 나는 학창시절 그것의 북방 한계선을 차령산맥으로 배웠
다. 보다 정확히 내가 배웠던 내용은 서쪽으로는 당진과 아산, 그리고
동해안 쪽으로는 강릉이 대나무의 북방한계선이라는 것이었다. 이때
당진이나 아산에 비해 위도가 높은 강릉이 한계선으로 언급된 것은 동
해안의 해양성 기후의 영향 탓이겠다. 그런데 최근 뉴스를 통해 금강
산에 대나무 연구소가 있는 사실을 알게 되었다. 중국에서 들여온 대
나무가 강릉보다 훨씬 위쪽에 자리 잡은 금강산에서 자생하고 있다는
소식이었다. 그렇게 우리나라 국토의 동쪽으로는 금강산, 그리고 서쪽
으로는 인천이나 서울의 곳곳에서도 이젠 흔하게 대나무 군락을 만나
볼 수 있다. 온난화로 인한 기후의 변화가 초래한 북방 한계선의 점진
적 북진의 양상을 보여주는 변화들일 것이다.

생물학 혹은 지리학
에서 설명하는 지표종
과 같은 내용을 언어에
서도 찾아볼 수 있다.
가재, 버들치, 열목어

등이 1급수를 가늠하는 데 역할을 다하듯, 특정 화자가 사용하는 말은 그 사람의 됨됨이를 충실히 드러낸다. 예쁜 말을 쓰는 사람은 심성이 곱게 보이고, 예쁘지 않은 말을 입에 달고 사는 사람은 품격이 없어 보인다. 1급수가 환경의 변화로 오염되어 2급수, 3급수로 전락하듯, 미운 말은 사람들의 입과 입을 거쳐 유행을 타며 예쁜 말 대신 자리를 잡곤 한다.

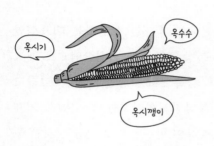

아열대의 야자수, 온대의 대나무처럼 방언은 지역에 따라 구체적인 모습이 달라진다. "옥수수", "옥시기", "옥시끼", "옥수꾸", "옥시깽이" 등과 같이 그 모양이 비슷해서 표준어를 비교적 쉽게 짐작할 수 있는 경우들이 있고, "부추", "졸", "솔", "정구지" 혹은 "우렁", "올갱이", "골뱅이", "고동", "고디" 등과 같이 표준어와는 그 모양새가 사뭇 다르게 나타나는 사례들도 있다.

출처: File:Daseulgi 3.jpg - Wikimedia Commons

나는 어릴 적 다 먹고 난 "옥수수"로 하모니카를 불었고, 할아버지 댁의 "졸"밭에서 뱀이 기어가는 것을 보고는 까무러친 나머지 한동안 "졸"을 입에도 대지 않았으며, 동네 개울에서 친구들과 "고동"을 잡고 놀곤 했다. "옥수수", "졸", "고동"을 조합하면 나의 고향이 유추된다.

나의 주변엔 우리말을 유창하게 구사하는 외국인이 제법 많다. 그 중에서도 최고라면 난 단연코 내 직장 동료인 Judy Yin 교수를 꼽는다. Yin 교수를 처음 만난 것은 그녀가 지금은 어엿한 대학생이 된 첫 아이를 막 출산한 직후였다. 서울사대 영어과에서 조교로 근무하고 있던 시절, 학과사무실 문을 살며시 열며 들어오던 앳된 유학생을 나는 아직도 생생히 기억한다. 그녀의 참담한 한국어 실력을 보며 영어 강좌라고는 눈 씻고도 찾아볼 수 없었던 당시의 대학원에 무엇을 하러 왔다는 것인지 의아한 마음이 들었다. 그랬던 그녀가 인연이 이어져 이젠 나와 동료가 되었다. 그리고 시간이 꽤 흐른 지금은 Yin 교수가 외국인이라는 사실을 나는 까맣게 잊곤 한다. 그녀가 말 그대로 "완벽한" 한국어를 구사하기 때문이다.

Yin 교수를 비롯하여 우리말을 잘하는 외국인을 만나면 가끔 재미 삼아 그들의 한국어 실력이 어느 정도 되는지를 가늠해 보고 싶어진다. 이것저것 어려운(?) 표현들에 대해 그 뜻을 아느냐고 묻는 것이다. 외국인임을 구별해 내는 이 작업에 있어 웬만한 표현들이면 충분하고도 남을 일이지만 Yin 교수만큼은 예외다. 무엇을 가져다 대도 척척 그 뜻을 알아맞히기 때문이다. 그런 Yin 교수가 선뜻 답하지 못했던 표현이 하나 있었다. 나는 "빼다 박다"의 뜻이 무언지 아느냐 물었고, 그녀는 그에 대해 이내 답을 내놓지 못했다. Yin 교수가 한국인이 아님을 가늠할 수 있었던 지표언어가 바로 "빼다 박다"였던 것이다.

아이들은 놀이를 위해 편을 가르는 과정에서 손바닥을 펼쳤다 뒤집곤 한다. 해당 행위를 가리키는 말 역시 지역에 따라 다양하게 나타난다. 물론 성인이 되어 고향을 떠나 다양한 지역 출신의 친구들과 교류하면서 알게 된 사실로, "데덴찌", "엎어라 뒤집어라", "하늘 땅", "엎치기 뒤치기" 등 똑같은 행위를 이르는 말은 참으로도 다양하였다.

그런데 내가 어릴 적 썼던 말을 공유하는 사람은 어찌된 일인지 정작 단 한 명도 만나보지 못했다. 어린 시절 손바닥을 펼쳤다 뒤집으며 내가 내뱉었던 말은 바로 "검둥이 흰둥이"였다.

오랜만에 카페에 들어와서 오랜 시간 몰아서 글을 읽고 갑니다. 바쁘게 학교집, 학교집 하다가 잠시나마 웃고 가네요. 검둥이 흰둥이는 저도 처음 들었는데, 그냥 뭔줄 알겠어서 슬며시 웃었습니다.

주디 인 교수님은 한국인보다도 한국어를 잘 구사하시는 것 같아요. 주디 인 교수님과 논문 스터디하는 선생님들이 어떤 말(한국어)를 넣으면 자연스러울지 고민하는데 교수님이 더 자연스러운 단어를 제시해주시기도 했답니다!

언어 재능이 있으신 거죠! 부럽기만 할 뿐입니다.

# 7 장

# 흥미로운 언어 사용의
# 다양한 실제들

우리에게는 지칭하는 바를 직접적으로 표현하지 않으면서도 대화를 이어갈 수 있는 놀라운 능력이 있다. 왜 그러한 말을 사용하게 되었는지 그 이유를 설명하기란 참 어렵겠으나, 언중들은 특정한 표현을 마치 약속이나 한듯 한치의 어긋남 없이 사용한다. 한편, 유사한 의미를 가지면서도 서로 다른 뉘앙스를 전달하는 말들을 상황맥락에 맞게 자유자재로 사용하면서도, 완벽하게 동일한 의미를 가지는 서로 다른 두 가지 말을 동시에 허용하지는 않는다. 또한 알고 보면 같은 말임에도 불구하고 이를 인지하지 못한 채 마치 서로 다른 말인냥 사용하는 경우도 흔하다. 합성어가 가지는 의미 측면에서의 애매함은 물론, 어휘 구조 측면에서의 모호함에도 불구하고 우리의 의사소통에는 거침이 없다. 우리가 사용하는 말에는 실로 흥미로운 사실들이 가득하다.

# 1번 테이블 주문 받았어요?

*1번 테이블 주문 받았어요?*

얼마 전 식당에 갔을 때 들었던 종업원들 간의 대화이다.

"1번 테이블의 주문을 받다"라는 말은 참으로 오묘한 구석이 있다. "1번 테이블"은 식당의 여러 테이블 중의 하나로서 첫 번째의 번호를 부여받은 테이블이다. 그런데 테이블이 도대체 어떻게 주문을 한다는 말인가.

*1번 테이블(에 앉은) 손님들 주문 받았어요?*

이와 같이 말해야 관점에 따라서는 정확하다고 할 수 있다. 주문을 하는 것은 1번 테이블이 아니라 1번 테이블에 자리를 잡은 손님들일 테니까. 물론 그러한 논리를 비웃기라도 하듯 우리는 일상에서 "1번 테이블의 주문을 받다"라고 천연덕스럽게 말한다. 말하는 사람도 듣는 사람도 그에 대해 특별히 의식하지 않는다.

### 불을 줄이세요. 냄비가 끓어요!

냄비가 끓고 있으니 불을 어서 줄이라고 채근한다. 그런데 "냄비가 끓는다"는 말 역시 묘한 구석이 있다. 도대체 냄비가 어떻게 끓을 수가 있다는 말인가. 끓는 것은 냄비 속의 액체이어야 옳다. 그것이 찌개라면 "냄비 속의 찌개가 끓는다"와 같이 말해야 정확하다. 그런데 "1번 테이블의 주문을 받다"에 대해 "1번 테이블 손님들의 주문을 받다"와 같이 말할 수 있음에 비해, "냄비가 끓는다"에 대해 "냄비 속의 찌개가 끓는다"와 같이 말하는 경우는 그 빈도가 매우 낮거나 혹은 그렇게 말하는 것 자체가 자연스럽지 못한 장면이 흔하다.

"1번 테이블의 주문을 받다"와 "냄비가 끓다"는 모두 환유(metonymy)의 예시이다. 환유는 어떤 말 대신 그와 관련된 다른 말을 통해 뜻을 전달하는 비유적 표현(figurative expression)이다.

우리가 사용하는 말들의 상당 부분이 비유적인 표현들이고, 그 중 환유가 한 몫을 한다.

### 앞 차가 우회전을 하려나봐.
(앞에 있는 차는 우회전을 할 수 있는 의지와 능력이 없다. 앞 차를 운전하는 사람이라면 모를까.)

*졸업앨범에 철수가 없네?*

(철수는 졸업앨범에 애당초 존재할 수가 없다. 철수의 이름이나 철수의 사진이라면 모를까.)


*휴스턴이 2022년 월드시리즈에서 5년 만에 다시 우승을 했어!*

(애초 휴스턴은 우승을 할 수가 없다. 휴스턴의 선수들이 우승을 했다면 모를까.)


*정부가 새로운 부동산 정책을 발표했다.*

(정부가 어떻게 발표를 할 수 있겠는가. 정부의 담당 기관에서 근무하는 책임 있는 그 어떤 사람이 발표를 했다면 모를까.)


*차를 닦았어.*

(차를 어디까지 닦아야 "차를 닦았다"고 말할 수 있을까? 상식적인 경우 차의 표면을 말하는 것이어서, 차를 분해하여 안팎을 남김없이 닦은 경우에만 쓰는 말은 아닐 것이다. 전체로 부분을 가리켜 말하게 되는 제유의 예시이다.)


*화장실 좀 잠시 쓸 수 있을까요?*

(걱정하지 마시라. 화장실의 전 공간을 구석구석 사용하겠다는 뜻이 아니다. 기껏해야 세면대, 혹은 변기에서 볼 일을 보겠다는 뜻이다. 역시 제유의 예시라 하겠다.)


*딸린 입이 많아요.*

("입"이 많다는 것은 부양할 가족이 많다는 뜻이다. 부분으로 전체를 가리켜 말하게 되는, 역시 제유의 예시이다. 흥미로운 점으로 한집에 사는 가족을 이르는 또 다른 말인 "식구(食口)"라는 표현도 "입"에 초점을 맞추고 있다. 가족을 부양

하는 입장에서는 집에서 기다리는 가족들의 입이 가장 먼저 눈에 들어오게 되는 모양이다. 부지런히 먹이를 물어 나르는 제비 부모와 둥지에서 부모만을 목이 빠져라 기다리는 새끼들을 본 적이 있는가. 부모 제비의 눈에는 새끼들의 샛노란 주둥이들만이 눈에 가득 들어올 뿐이리라.)

*청와대가 중대 발표를 하였다.*
(이젠 대통령이 청와대를 쓰지 않으니 이 말이 어떠한 변화를 겪게 될지 모를 일이다. 다만 바로 얼마 전까지만 해도, 그리고 아주 오랫동안, 대한민국 대통령의 집무실 겸 관저가 청와대였으니 아직은 이 말이 어색하지가 않다. 그나저나 대통령이 머무는 청와대라는 장소가 무슨 발표를 할 수 있다는 말인가. 대통령의 입을 빌어 대변인이 발표를 했다면 또 모를까.)

너무나 흔해서 채 주목하지 못했을 뿐, 우리가 사용하는 말들은 아주 많은 경우 비유적이다. 환유 역시 흔하디흔한 비유적 언어 표현의 하나로서, 아마도 환유를 동원하지 않고는 의사소통 자체가 가능하지 않을지도 모를 일이다.

생활 속의 언어들을 민감한 눈으로 바라보는 것이 참 재미있네요. 교수님께서 예시로 적어주신 문장을 보며 어떤 것들은 뭐가 이상하지? 했는데 이유를 보고 끄덕였습니다. "환유"에 관심을 가지니 제가 평소에 쓰는 그런 언어들을 찾게 됩니다. 저도 모르는 사이에 환유를 아주 많이 쓰고 있더라고요. 글을 읽고 환기가 되는 느낌입니다.

환유, 제유와 같은 비유적 표현들은 뜯어보면 뭔가 잘못된 것 같아 보이기도 하지만, 사용 맥락을 잘 알고 있어서인지 한결 간결하게 느껴집니다. 정확하고 길게 이야기하지 않아도 뜻이 통하니까 많은 경우에 더 경제적인 것 같아요!

그렇죠. 언어는 경제적 가치를 추구하는 존재입니다. 모든 다른 조건이 동일하다면 경제적인 방식으로 발전합니다. 복잡한 것보다는 단순한 것을 추구하다 보니 그 표현은 더욱 정교해집니다.

# 바나나맛우유

**32**

주식회사 빙그레를 떠올렸을 때 먼저 연상되는 것은 무엇인가? 질문을 띄운 나에게는 세 가지가 먼저 떠오른다. 야구를 좋아하는 나로서는 "빙그레 이글스"가 그 첫 번째이고, 투게더 아이스크림과 바나나맛우유가 그 뒤를 잇는다. 그 중 바나나맛우유 이야기를 좀 해보자.

바나나맛우유는 내 나이랑 엇비슷할 정도로 오랜 시간 동안 대중의 사랑을 받아왔다. 매일유업이 "바나나는 원래 하얗다"라는 이름의 아류 제품을 내놓았으나 바나나맛우유의 아성을 무너뜨리지는 못했다. 나를 포함하여 바나나맛우유에 대한 대중의 충성도는 실로 대단하다.

바나나맛우유는 맛있을 뿐만 아니라 그 용기의 디자인마저도 소비자의 눈길을 단번에 사로잡는다. 우리나라에서 생산하고 있는 각종 제품 중 디자인 측면에서 그 독특함과 꾸준함으로 소위 아이콘이라 부를 만한 것이 바로 바나나맛우유의 용기인 것이다. 그 특유의 배불뚝이 항아리 용기는 내가 아주 어릴 적부터 지금까지 50년 가까이 변함이 없다. 코카콜라 병의 디자인이 지난 2015년 100주년을 맞았다는 소식을 접한 적이 있는데, 바나나맛우유의 용기 디자인도 계속해서 새로운 역사를 써내려가길 진심으로 바란다.

그런데 다들 아는 사실로 바나나맛우유엔 바나나가 들어가지 않는다. 상표등록을 위해서 "바나나우유"가 아닌 "바나나맛우유"라고 이름을 붙였을 뿐이다. (지금은 바나나 과즙이 아주 미량으로 첨가되는 것으로 알고 있다.) 바나나는 내가 어릴 적에는 언감생심 꿈도 못 꾸는 아주 비싼 과일이었다. 그 비싼 바나나를 어찌 감히 우유에 넣을 수 있었겠는가. 생각해 보면 당연한 일이었지 싶다.

그런데 초창기의 바나나맛우유의 용기를 보면 재미있게도 "바나나"와 "우유"에 비해 "맛"의 글자 크기가 상대적으로 작았다. 그래서 얼핏 보면 마치 "바나나우유"처럼 보였다. 실제로 어린 시절 나는 내가 그리 좋아라 하는 그 우유의 이름이 "바나나우유"인줄 알았다. 그것도 아주 오랫동안 말이다. 당연한 마케팅 전략에 깜박 넘어간 결과였다.

"바나나맛우유"와 "바나나우유"의 차이는 "맛"이라는 한 음절에 있다. 그런데 그 차이가 무시무시하다. "바나나우유"는 바나나로 만들어져야만 하는 우유이고, "바나나맛우유"는 그렇지 않아서 바로 얼마 전까지만 해도 바나나를 전혀 첨가하지 않고도 제품의 생산이 가능했다. (지금은 소량의 과즙만 추가하면 되는 일이고 말이다.)

"바나나우유"에 대비하여 "바나나맛우유"라는 말을 들었을 때 청자에게는 "맛"이라는 말이 도드라지게 된다. 이를 언어학적으로 설명하자면 액티브 존(active zone)이라는 개념을 적용할 수 있다. 액티브 존은 말에서 의미적으로 활성화가 이뤄지는 부분을 뜻한다. "바나나우유"에 대비하여 "바나나맛우유"라는 말을 고려해보면 "맛"이라는 어휘의 의미가 의미적으로 보다 활성화되기 마련인 것이다.

바나나맛우유의 초창기 용기 디자인에서 "맛"을 상대적으로 작은 글씨체로 표기한 것은 "맛"이 액티브 존이 되지 않기를 바라는 판매 전략이었던 것이다.

"파란 눈", "빨간 눈", "시퍼런 눈"의 세 표현을 비교해 보자. 모두 눈의 어디쯤과 관련한 색깔 표현들이다. 각각은 정확히 눈의 어느 부분에 대한 묘사일까?

한국 사람이라면 내놓는 해석이 아마도 거의 동일할 것이다. "파란 눈"은 눈동자가 파랗다는 것이고, "빨간 눈"은 눈의 흰자 부위가 빨갛다는 뜻, 그리고 "시퍼런 눈"은 눈두덩이 멍이 들어 시퍼렇다는 뜻으로 이해할 것이다. 그 각각의 부위가 바로 액티브 존이 된다.

"노란색 자전거가 참 예쁘다."라고 한다면 말하는 이는 어디를 두고 하는 말일까? 자전거 체인이 노란색이면 "노란색 자전거"라고 말할 수 있을까? 자전거의 안장이 노란색이어야 할까, 바퀴가 노란색이어야 할까, 아니면 프레임이 노란색이어야 할까? 체인과 안장, 바퀴, 프레임 중 어느 부분이 노란색일 때 노란색 자전거라고 부르게 될 가능성이 더 커질까?

"빨간책"은 어떠한가? 책의 표지가 빨간색이면 빨간책라고 말할 법한데, 내지가 온통 붉은색인 경우에도 빨간책이라고 말하게 될까? 내용이 불온하여 빨간책이라고 말하는 것은 또 어떠한 경우일까?

요즘 띄어쓰기에 꽂힌 저는, "빨간 책"이라고 띄어 쓰면 표지이든 내지이든 색깔이 빨간 책을 말할 것 같고요, "빨간책"이라고 붙여 쓰면 불온서적을 가리킬 것 같습니다!

아, 띄어쓰기가 문제가 될 수 있으려나요? 생각해보지 못했는데, 그럴 수도 있겠다 싶군요.

# 동의어의 부재와 유의어의 실재: LA 알지이!

**33**

나는 중학교 1학년이 되어 알파벳을 접하며 영어를 처음 배우기 시작했다. 그 시절, 소문자 알파벳 a의 활자체와 선생님이 판서하시는 a가 서로 왜 다르게 생겼을까에 대해 한동안 심각하게 고민을 했던 기억이 있다. 교과서에 나오는 a는 모자를 쓰고 있는데, 선생님은 왜 모자를 씌우지 않으실까 하는 궁금증이었다. 딱 그 정도 수준의 아이에게 영어를 잘 하려면 동의어를 많이 알아야 한다며 영어 선생님은 당시로서는 엄청나게 많은 양의 단어를 암기하라 하셨다. 영어를 왜 잘해야 하는지 그 이유조차 이해할 턱이 없었지만, 외우라고 하시니 그저 외울 수밖에 없었으리라.

집에 돌아와 마루에 배를 깔고 누워 단어들의 면면을 살폈고, big의 동의어로 large를 외울 차례가 되었다. 아마도 big은 이미 알고 있던 단어였고, 그의 동의어로 제시된 large는 생소했던 정황이었을 것이다. 그때 그 당시의 내가 large를 외운 방식은 지금까지도 기억이 너무나 선명하다. "LA 알지이!"와 같이 단어의 구조를 분석하였고, LA가 큰 도시이니 목표 어휘인 large를 "크다"라는 의미로 외우자는 생각에 이르렀다. 당시의 내가 LA라는 미국의 낯선 도시 이름을 도대체 어떻게 알고 있었던 것인지 모르겠다. 다만 그런 방식의 암기법을 고안해낸 나 스스로가 꽤나 기특하게 여겨지던 순간이었음에는 틀림없다.*

"동의어" 중심의 학습은 그 이후 고등학교 시절에도 계속되었다. 문법에 대한 공부만큼이나 많은 시간을 들였던 것이 바로 동의어 목록을 철저히 암기하는 것이었다.

그런데 large와 big은 정말 동의어였을까? 결론적으로 말하자면, 두 단어는 동의어가 아닌 것 같다. 그 증거를 하나만 들자면, my big sister는 "나의 큰언니"쯤에 해당하는 말이지만, 나의 큰언니를 이를 때 my large sister라고는 말하지 않는다. 따라서 두 단어의 관계는 "동의어"보다는 "유의어"라는 말로 기술되는 것이 더욱 적절해 보인다.

동의어 관계처럼 보이지만 그렇지 않은 어휘들의 짝은 많다. "개인적인 질문을 하나 할까요?"라고 영어로 물을 때 "Can I ask you a private question?"이라 한다면, 듣는 사람은 무슨 말인지 알면서도 다소 어색해할 것이다. 그에게는 "Can I ask you a personal question?"이

---

* 지금에 와서 생각해 보자면 내가 large를 외웠던 방식은 철자 기억술(spelling mnemonics)의 변이형쯤에 해당할 것이다.

조금 더 자연스러운 표현일 것이기 때문이다. 사전상의 의미를 기준으로 private과 personal이 서로 공유하는 바가 분명 있을진대, 쓰임새는 이렇듯 다를 수 있다.

심지어 우리말의 "예/네"와 영어의 "yes"도 상호간 동의어로 보기가 어렵다.

뉴스 앵커가 광화문에 나가 있는 홍길동 기자를 연결한다.

*"취재 기자 연결해 보겠습니다. 홍길동 기자 나와 주세요."*
*"네, 저는 광화문에 나와 있습니다."*

버라이어티 프로그램의 사회자가 인사를 한다.

*"네, 시청자 여러분 한 주 동안 안녕하셨습니까?"*

광화문에 나가 있는 취재 기자의 "네", 사회자의 인사말 속의 "네"는 모두 영어의 "yes"와는 거리가 멀다.

마치 동의어처럼 보이는 유의어들의 사례는 그 밖에도 무궁무진하다. 돌아가신 나의 할아버지께서는 "변소"라는 말을 쓰셨다. 이젠 주변의 누구도 "변소"라는 말을 잘 쓰지 않는다. 수업 중 학생 하나가 손을 들고 "선생님, 변소 좀 다녀오겠습니다."라고 말한다면 주변은 웃음바다가 되어 버릴 것이다. 변소에 다녀온 학생에겐 아마도 변소 냄새도 좀 날 것이다. 당연히 "화장실"이라는 멋지고 세련된 말이 "변소"를 대신한지 이미 오래고, 이는 완곡어법(euphemism)이라는 사회언어학적 개념으로 설명이 가능하다. 완곡어법의 대상이 되는 모든 어휘들의 짝(예: 죽다-돌아가시다, insane-sick)들과 마찬가지로 "변소"와 "화장실"은 사실상 동의어일 수 없다. "변소"는 웃음을 자아내고 변소 냄새가 따라붙는 공간이지만, "화장실"은 그렇지 않기 때문이다.

따라서 완벽한 의미의 동의어란 존재하지 않는다고 보는 편이 옳다. 왜일까? 동의어는 왜 존재하지 않을까?

인간 언어의 매우 기본적이고 중요한 속성은 경제성에 있다. 동일한 개념을 표현하는 말을 두 개 이상 가지는 것은 경제적이지 못한 일이다. 어떤 말과 다른 어떤 말이 경쟁을 하다보면 반드시 하나가 다른 하나를 압도하게 되어 있다. 공평하게 쓰임새를 나눠 갖는 경우란 없다. 경제성의 논리 측면에서 보자면 그것은 사치일 뿐이다. 그래서 동의어가 존재하지 않는다.

그렇다면 유의어는 왜 존재할까? 어차피 거기서 거기의 의미라면 굳이 두 개 이상의 유의어를 운용할 필요가 있을까?

세상만사 이유 없는 결과는 없는 법, 유의어의 존재에도 당연히 이유는 있다. 그것은 인간의 표현 욕구이다. 자신의 생각을 남들과는 다르게, 이전과는 다른 방식으로, 즉 다양하게 표현하고 싶은 인간의 기본적인 욕구로부터 유의어는 존재 이유를 가진다.

이렇듯, 동의어의 부재와 유의어의 존재는 "경제성"과 "다양성"이라는 두 가지의 상반된 가치를 통해 이해해 볼 수 있다.

저는 이 동의어와 유의어 때문에 영어를 공부할수록 다시 한다는 생각이 들 때가 많아요. 영어 단어를 한국어 뜻과 함께 단순하게 암기했던 부작용(?) 같은데요, 한편으론 그게 경제적이었기에 그렇게 암기했던 것 같습니다. 아이들이 영어를 공부하는 것을 보니 영어 단어를 영어로 풀이하여 기억하는 것은 초기 학습자에게는 무리인 것 같아요. 또 맥락을 통해 이해시키려니 언어 입력의 양이 상당해야겠고 시간도 많이 걸릴 것 같아요. 어떻게 가르칠지 고민이 되는 지점입니다.

"동의어의 부재와 유의어의 실재"라는 제목부터 공감합니다. 석사 때 5,000 단어 페이퍼 과제가 있었습니다. 인용하고자 하는 말을 바꿔쓰기(paraphrasing) 해야 하는데 좋은 문장을 만들고 싶어서 동의어와 유의어를 계속해서 찾아봤어요. 유의어의 뉘앙스 차이를 알고 적재적소에 단어를 쓰는 게 힘들었습니다. 언어가 가진 유의어의 뉘앙스를 알기 위해서는 언어뿐만 아니라 그 언어가 쓰이는 나라의 문화와 사회까지도 알아야 한다는 생각이 듭니다.

# 숫자의 상징학

**34**

이탈리아에 사는 소년 마르코는 아르헨티나로 돈을 벌기 위해 떠난 엄마가 병에 걸렸다는 소식을 듣고 긴 여행길에 오른다. 엄마를 찾아나선 마르코의 여행담을 담은 이탈리아의 소설 "엄마 찾아 삼만리"는 지금도 어린이 독자들에게 큰 사랑을 받는 작품이다.

나는 "엄마 찾아 삼만리"를 어릴 적 만화로 보았던 기억이 있는데, 그 시절 TV 만화들의 대부분이 그러했듯 일본에서 수입해온 것이었다. 그런데 잘 알려지지 않은 내용으로, 해당 작품의 일본판 제목은 "엄마 찾아 삼천리"였다고 한다. "엄마 찾아 삼천리"를 여러 가지 이유로 "엄마 찾아 삼만리"라는 이름으로 개작하여 국내에 선보였던 것이다.

아내가 아이들 책 정리로 부산하다. 그러다 책 하나를 집어 들고는 아이에게 묻는다. "해저 3만리 읽었니?" 아이가 정정을 한다. "엄마, 해저 2만리예요!"

"나를 버리고 가시는 님은 십리도 못 가서 발병난다"라는 아리랑의 가사에도 등장하는 10리가 4킬로미터 정도이니, 1만리면 대략 4,000

킬로미터. 내가 기억하는 "해저 2만리"는 이름까지는 기억나지 않는 주인공 박사가 바다 괴물을 찾아 나섰다가 잠수함을 타고는 바닷속 수십만 킬로미터를 여행한다는 줄거리의 이야기인데, 2만리라면 겨우 8,000여 킬로미터가 아닌가! 혹시나 싶어 조금 더 찾아보니 원제는 "해저 2만류"였고, 2만류는 대강 80,000킬로미터에 해당한다고 한다. 따라서 그와 같은 셈을 보다 정확히 반영한 소설의 제목은 "해저 20만리"쯤이 되었어야 한다는 말이다.

한 번 "엄마 찾아 삼만리"가 된 이상 그것은 다른 이름으로 불리기를 거부한다. "해저 2만리"도 마찬가지여서 "해저 3만리"처럼 말할 수는 없다. 이 둘은 작품의 고유한 제목이기 때문이다. 개똥이를 개똥이라 부르지 않고 소똥이라 부르면 다른 이를 가리키게 되는 것과 동일한 이유이다. "삼만리"와 "2만리"는 전문용어로 고유명사(proper noun)라 이르며, 이때 등장하는 숫자는 여정이 길고 험난함을 상징한다.

한편, 한국 사람이라면 익히 들어 알고 있을 법한 말로 "앞길이 구만리"라는 표현이 있다. 90,000리는 어림잡아 36,000킬로미터인데, 지구 한 바퀴의 거리가 4만 킬로미터 정도임을 감안할 때 앞길이 구만리라는 말은 앞으로 나아갈 길이 지구 한 바퀴를 돌만큼의 엄청난 거리라는 뜻이다. 그만큼 다가올 장래가 창창함을 상징하는 이 말에 대해 "앞길이 팔만리"라든가 "앞길이 10만리"라는 말을 쓸 수는 없을 것 같다. 장차 가야 할 정확한 거리를 살폈을 때 그것이 32,000킬로미터(팔만리에 해당)나 40,000킬로미터(10만리에 해당)가 아니어서가 아니다. 또한 "엄마 찾아 삼만리" 혹은 "해저 2만리"의 경우에서와 같이 고유명사의 사례여서도 아니다. 분명한 근거를 찾기 어려운 그 어떤 이유로 사람들은 "앞길이 구만리"라는 말을 입에 붙여 사용해 왔다. 실로 말은 언중 사이의 약속이라 하겠다. 혹자가 나서 "나는 이제부터 "앞길이 팔만리"라고 말할 것이니 그렇게들 이해하시게나!"라고 선언한다 하여도 그것은 약속을 깨는 행위에 지나지 않는다.

　"엄마 찾아 삼만리", "해저 2만리", "앞길이 구만리"에서와 같이 고정된 숫자를 쓰면서도 어디에서 그러한 용례가 비롯한 것인지를 설명하기 어려운 경우들이 많다. "몸이 천근만근 무겁다", "구사일생으로 살아났다", "백만 년 만에 방문하였다", "칠푼이", "팔푼이"와 같은 말들이 그러할 것이다. 그런데 우리가 쓰는 말 중엔 그렇듯 숫자 표현이 고정되어 쓰이는 경우들만 있는 것은 아니다.

　*5천만 우리 민족이 삼천리 금수강산 이 땅 위에서 자유와 번영과 평화의 기쁨을 누려보자는 나의 열망은 더욱 진하고 뜨거워짐을 절감합니다.* ― 1971년 제7대 박정희 대통령 취임사 중

　*육천만 민족이 꿈에서도 잊지 못하는 조국통일의 문* ― 1983년 "김대중 옥중서간" 서문 중

　*남북통일은 7천만 국민의 염원* ― 2008년 제17대 이명박 대통령 취임사 중

　남과 북의 인구의 합이 더욱 늘어난 지금의 시점에서는 "8천만 국민", "8천만 민족"과 같은 표현이 보다 주를 이루고 있음을 우리는 인

 터넷 자료를 조금만 검색
해 보아도 금세 알 수 있
다. 남과 북이 한겨레, 한
민족임을 상징하는 숫자
표현이 시대상을 반영하
여 변화하고 있음을 확인
할 수 있는 대목이다.

"엄마 찾아 삼만리"는 저도 자랄 때 슬퍼하며 즐겨 보던 만화이고, "바람아 구름 아 엄마소식 전해다오~" 하는 노랫말은 지금도 생생하네요. 제목에 그런 사연이 있는 줄 몰랐습니다. 동네마다 하나씩 있던 "삼천리 자전거"의 영향으로 만화의 이 국적인 느낌이 사라질까봐, 더 멀게 느껴지게 하려고 "삼만리"로 하지는 않았을 까 짐작을 해봅니다.

교수님이 말씀하신 내용에서 어림하여 말하는 언어 습관도 생각해보게 됩니다. 어느 날 퇴근길에 아이가 전화를 해서 "엄마 언제 와?" 하길래 30분 더 걸린다고 하니, "그러면 6시 42분에 와?" 하더라고요. 그냥 아이의 언어에 맞춰 "응, 42분에 딱 맞춰 갈지는 모르지만 해볼게." 했습니다. 엄마의 귀가 시간에 대해서는 아이의 눈이 세밀합니다. 혹은 아이는 어림하여 말하기로 약속된 세상의 언어를 아직 채 모르는 것 같습니다.

아이가 영특하네요. 6시 12분에 대화가 일어난 모양인데, 30분을 더한 시간이 얼마인가를 정확히 아는가 봅니다. :)

최근에 지인의 가족 상이 있었습니다. 그렇게 친한 사이는 아닌 터라 조의금을 5만원을 할지, 10만원을 할지 고민을 했답니다. 그때 7만원 조의금은 왜 안 하지? 하는 의문이 들더군요. 이런 숫자가 가진 상징은 또 무엇일지 궁금해지네요.

# 화무십일홍

**35**

붉은 빛이 열흘 가는 꽃이 없다는 말처럼 그저 찰나의 권세일 뿐.

2020년 10월 26일, 이건희 회장의 별세 소식이 날아들었다. 삼성공화국의 수장으로 세계적 부호였던 그는 대한민국 남성의 평균 수명에 채 미치지 못하는 삶을 살았다. 2014년 5월 심근경색으로 쓰러진 이후 줄곧 와병 중이었음을 고려해 보자면 세상에 진귀한 것은 그것이 무엇이든 아쉬움 없이 누려보았을 법한 그에게 정작 건강만큼은 허락되지 않았던 모양이다. 서민들은 그의 삶을 돌아보며 건강의 소중함에 대해 다시 한번 되새기는 기회를 가졌다. 돈 많으면 뭐하나, 건강이 최고이지 않겠는가. 남들이 부러워할 만한 권력과 명예와 재력을 가진 사람들이 천수를 누리지 못하고 세상을 등질 때면 어김없이 들려오는 말이었다.

죽음은 대개의 문화에서 금기시되는 주제이다. 죽음을 드러내놓고 이야기하지 못하는 것은 죽음에 대한 공포심에서 이유를 찾을 수 있다. 어디에서 왔는지 모를 세상을 살다 죽음을 맞이하게 되면 어떠한 일이 벌어지게 되는 것인가. 죽음은 그저 모든 것의 종결만을 의미하는가. 그것이 아니라면 어딘지 모를 또 다른 세상으로의 이행을 의미한다는 말인가. 그에 대한 답을 가진 사람이 없으니 죽음은 누구에게나 두려움의 대상일 수밖에 없다.

우리말 표현에 "돌아가시다"라는 말은 죽음에 대한 화자의 공포심을 잘 드러낸다. 삶을 다하여 육신은 없어질지언정 우리의 정신은 어디론가 "돌아가야 할 것"이라는 믿음과 바람이 배어 있다. 흥미로운 점은 "돌아가다"라는 말에는 "죽다"라는 뜻이 없다는 사실이다. "돌아가시다"와 같이 높여 말하였을 때 비로소 "죽다"라는 뜻이 살아난다.

망자에게는 이렇듯 높여 이르는 말들이 어울린다. 임금의 죽음에 대해서는 "등하", "붕어", "승하", "조락", "천붕", "척방" 등의 말로 높여 일렀다. 일반인의 경우에는 살아생전 그의 권세와 유명세의 정도에 따라 "서거", "타계", "별세", "연세", "작고", "소천", "사세", "운명"과 같은 말로 그의 죽음을 이른다. 지탄의 대상이었던 사람이라 할지라도 그의 죽음에 대해서만큼은 (웬만하면) 함부로 말하지 않는 것이 우리의 문화이다.

영어에서도 마찬가지이다. 죽음에 대해 "die"라는 표현만이 있는 것이 아니어서, "expire", "decease", "perish", "pass away", "go west", "peg out", "snuff out", "depart this life", "go to sleep", "go to one's long rest", "go to one's final rest", "breathe one's last", "leave this world", "bite the dust", "kick the bucket", "give up the ghost", "go to their Great Reward" 등 수없이 많은 표현들을 통해 상황에 적절하게 말할 수 있다.

"개똥밭에 굴러도 이승이 낫다."라는 속담이 있다. 이승에서의 삶이 천하고 고생스럽더라도 저승으로 떠나는 것보다야 낫지 않겠냐는 뜻이다. 이 역시 죽음에 대한 공포를 배경으로 하는 말로, 저승에 대해 잘 모르니 지금 발붙이고 있는 이승에 대해 우선 애착을 가지고 살아야 할 것이라는 조언쯤에 해당하는 말이다. 물론 죽음의 의미와 죽음 이후에 대해 알 수 있는 도리가 없는 한 그에 대한 참과 거짓을 판단할 수는 없는 일이다.

삶과 건강은 이렇듯 대개 긍정적인 것으로, 그에 반하여 죽음과 병마는 부정적인 것으로 이해된다. 이와 관련하여, 아래의 은유들은 우리가 삶과 건강, 죽음과 병마를 인식하는 방식을 잘 보여준다. 삶과 건강은 상승(Up)의 이미지로, 죽음과 병마는 하강(Down)의 이미지로 그려지게 됨을 알 수 있다.

*He is at the peak of his health.*

*The man is in top shape.*

*He fell ill.*

*He is sinking fast.*

*He came down with the flu.*

*His health is declining.*

삶과 건강, 죽음과 병마뿐만 아니라 우리의 인생에서 긍정적인 것들은 주로 상승(Up)의 이미지로, 부정적인 것들은 하강(Down)의 이미지로 묘사된다. 그래서 행복감은 상승, 우울감은 하강의 이미지를 가진다(예: I'm feeling up; My spirits rose; I am feeling down; He's really low these days). 의식은 상승이고 무의식은 하강이다(예: Wake up; He dropped off to sleep; He's under hypnosis; He sank into a coma). 그리고 힘을 가지면 상승, 그렇지 못하면 하강이다(예: I have control over her; He's at the height of his powers; He is in a superior position; He is under my control; He fell from power; He is my social inferior). 또한 도덕적인 것은 상승이요, 부도덕하고 타락한 것은 하강이다(예: He is high-minded; He has high standards; He is an upstanding citizen; That was a low trick; Don't be underhanded; I wouldn't stoop to that).

교수님 글을 읽고 생각해보니 up/down이 갖는 비유적 의미는 천국과 지옥이라는 기독교의 교리에도 나타나네요. 오누이는 해와 달이 되고 이들을 쫓던 호랑이는 수수밭에 떨어졌다는 옛 이야기에도 up/down이 들어있었네요! 씨앗을 뿌리면 위로 자라고 따사로운 햇살도 하늘에서 비추니 그러한가 봅니다.

 요즘에는 사람들이 반려동물이 죽으면 "무지개 다리를 건너갔다"는 표현을 하더라고요. 그 말에 특별한 슬픔이 담긴 것 같이 느껴집니다. 사랑하는 작은 존재가 그렇게 미지의 아름다운 곳으로 떠났다고 하며 위안을 삼는가 보다 싶습니다.

 "승승장구"라는 말에도 들어있는 것처럼 좋은 일이 있으면 "UP"을, 안 좋은 일이 있으면 "Down"의 이미지를 부여하는 것 같습니다. 이제껏 살아보니 완전히 좋은 일도 완전히 나쁜 일도 없더라고요. 평정심을 유지하며 사는 게 가장 행복한 것 같아요.

 전 Up/Down을 들으니 하루에도 기분이 열두 번도 넘게 변하는 사춘기 학생들이 떠오릅니다!

무지개 다리를 건넌다 하시니 요단강을 건넌다는 표현도 생각이 납니다. "강"이 가지는 이미지 중의 하나가 죽음이죠. 공무도하가를 보면 건너지 말라는 강을 임은 기어코 건너다 삶을 마감하고 맙니다. 그리스 신화에서는 저승에 이르는 다섯 개의 강이 나오는군요(지금 기억나는 건 망각의 강 레테하나지만). 25년 전쯤, 한탄강에서 이틀 밤을 새우며 낚시를 한 적이 있었는데, 새벽녘 한탄강의 어스름이 갑자기 생각이 나네요. 좀 멀리 갔습니다. :)

# 가라오케

내 기억이 맞다면 우리나라에 노래방은 1991년에 처음 생겼다. 일본에서 유행하던 것이 최초 부산에 상륙하였고, 이내 서울의 신촌까지 진출하였다. 우리나라의 노래방은 일본의 가라오케를 들여온 것이었다.

가라오케라는 말을 국어사전에서 찾으면 그 의미가 다음과 같다.

*가라오케: 노래는 들어 있지 않고 반주만 들어 있는 음반이나 테이프. 또는 그것을 트는 장치.*

이게 무슨 말인고 하면, 가라오케는 우리 국어사전에서 찾아볼 수 있는 말이라는 뜻이다.

그런데 가라오케가 심지어 영어사전에도 등재가 된 말이라는 사실을 알고 있는 사람은 그다지 많지가 않다. 옥스퍼드 사전에 따르면 가라오케는 다음과 같이 정의된다.

*karaoke: A form of entertainment, offered typically by bars and clubs, in which people take turns to sing popular songs into a microphone over pre-recorded backing tracks (대개 술집과 클럽에서 제공하는 엔터테인먼트의 한 형태로, 사람들은 사전에 녹음된 반주에 맞춰 마이크를 통하여 대중가요를 번갈아 부른다.)*

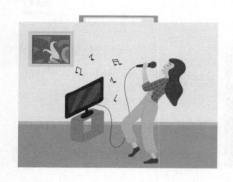

이렇듯 가라오케는 일본어 어원을 가진 영어 단어이다.

가라오케라는 일본말은 사실 "빈 상태" 혹은 "거짓"을 뜻하는 일본말의 "가라(から)"와 영어의 "오케스트라(orchestra)"가 합성된 말이다. "가라 오케스트라", 즉 "가짜 관현악단"이 그 본래 뜻으로 일본 사람들은 이렇게 조합된 말을 만들어 놓고는 다시 그것을 줄여 가라오케라고 불렀다. 텔레비전(television)을 테레비, 스테인리스 스틸(stainless steel; 녹이 슬지 않는 강철)을 스뎅(결국 stain만 남았다. 즉, "녹"이라는 뜻이다), 빌딩(building)을 비루(ビル), 리모우트 컨트롤러(remote controller)를 리모컨, 에어 컨디셔너(air conditioner)를 에어컨, 퍼스널 컴퓨터(personal computer)를 파스콤이라 부르는 등, 긴 말을 어떻게든 싹둑 잘라 간편하게 만들어 사용하곤 하는 일본 언어 문화의 특징을 잘 보여주는 말이 가라오케이다.

한편, 가라오케는 일본의 저력을 잘 보여주는 말이기도 하다. 영어에서 "오케스트라"를 수입해 가져가 자기네 말인 "가라"를 덧붙여 "가라오케"로 변형시킨 뒤 이를 다시 영어로 수출해 버렸다. 실로 무서운 일이 아닐 수 없다.

일본인은 이렇듯 새로운 것, 남의 것에 대해 개방적이면서 동시에 그것을 다시 자기네 사정에 맞추어 현지화하는 능력이 탁월하다. 과장하여 해석하자면, 지금 우리나라와 일본의 특히 경제적 측면에서의 격차는 어쩌면 근대화 과정에서 서구 문물에 대해 보였던 양국의 서로 다른 태도에서 기인하지 않았을까 생각한다.

구한말 나라의 대문을 걸어 잠그는 데 시급했던 조선과 그보다도 훨씬 앞선 시점부터 새로운 지식과 문물에 대해 이미 우호적이었던 일본의 모습은 그만큼 극명한 대조를 이룬다.

2014년 "재벌"이란 말이 영어사전에 등재되었다. 이 역사적인 일을 소개하며 신문기자는 영어사전에 등재된 일본어와 중국어의 수에 비해 우리말의 수가 적다고 지적하였다. 그리고 이것이 우리나라의 국력이 상대적으로 미약하기 때문이라고 해석했다.

한편, 이와 같은 신문기사를 당시 학부 학생들에게 소개했더니 동의가 어렵다는 반응이 돌아왔다. 영어사전에 우리말이 등재되고 말고가 우리의 국력과 무슨 상관이냐는 대답이었다. 그러나 그 지점에서는 학생들이 틀렸다. 신문기자의 해석이 옳았다.

영어사전에 한국어를 얼마만큼 등재시키느냐는 한국의 국가적 힘과 영향력을 가늠해 볼 수 있는 척도이다. 영어는 미국사람 혹은 영국사람들만 쓰는 언어가 아니기 때문이다. 국제공용어로서의 영어는 세계시민이 문화 간 의사소통의 장면에서 기본적으로 또한 가장 널리 사용하는 언어이다. 어떤 말이 영어사전에 등재가 되었다는 것은 그 말을 세계 시민이 함께 사용하게 되었다는 뜻이다.

2021년 10월 6일자 한겨레 신문은 한층 더 고무적인 뉴스를 우리에게 전해왔다. * 옥스퍼드 사전에 한국어 낱말 26개가 추가로 등재되었다는 소식이었다. K-pop, K-drama 등 우리나라 대중문화의 전 세계적인 인기에 힘입어 더 많은 한국어가 세계인이 쓰는 영어로 발돋움하게 된 것이다. 그렇게 새롭게 영어가 된 26개의 한국어는 다음과 같다.

- aegyo(애교)
- banchan(반찬)
- bulgogi(불고기)
- chimaek(치맥)
- daebak(대박)
- dongchimi(동치미)
- fighting(파이팅)
- galbi(갈비)
- hallyu(한류)
- hanbok(한복)
- japchae(잡채)
- K-comb(K 복합어)
- K-drama(K 드라마)
- kimbap(김밥)
- Konglish(콩글리쉬)
- Korean wave(한류)
- manhwa(만화)
- mukbang(먹방)
- noona(누나)
- oppa(오빠)
- PC bang(PC방)
- samgyeopsal(삼겹살)
- tang soo do(당수도)
- skinship(스킨십)
- trot(트로트)
- unni(언니)

_____

* https://www.hani.co.kr/arti/international/europe/1014067.html

교수님께서 나열해주신 26개의 말들이 어떻게 선택되었을까 궁금해집니다. "치맥", "먹방" 이런 축약형 단어들은 우리에게도 신조어인데, 이 말들이 계속해서 쓰일 것인가, 몇십 년 후에도 의미 있는 말로 남아 있을 것인가 궁금하고요. 많이 쓰이는 말들이 힘이 커지고 그래서 더 많이 쓰이게 되는, 그런 언어의 흥함을 목격한 것 같아요. 어쨌든 한국인으로서 기본 좋은 일이고 우리 문화가 이렇게나 성장했음을 확인하게 된 순간이었습니다.

옥스퍼드 사전에 한국어가 추가로 등재되었다는 뉴스를 보고, 교실에서 아이들에게 얘기를 해줬었어요. "화이팅, 스킨십, 이런 말들이 그동안 콩글리시라고, 잘못된 언어라고 지적을 받아왔는데, 이제는 사전에 오른 영어 단어이니 쓰면 되겠다!"

가만 보면 한국 문화를 잘 보여주면서 외국 사람들에게는 낯설법한 말들이 많이 보이네요. 그나저나 사전에 한 번 등재가 되었다고 영원할 리가 있을까요? 시대상을 반영하여 또 변화를 겪겠죠? 이번에 등재된 말들이 더욱 널리 활용되기를, 우리말들이 영어 사전에 등재되는 이와 같은 쾌거가 계속되기를 바라게 됩니다.

# 분홍 말고 핑크

**37**

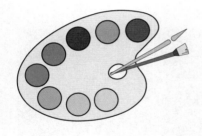

남녀의 유별함은 외향이나 성격뿐
만 아니라 그들이 사용하는 색깔 표
현(color terms)에서도 드러난다. 대개
여성이 사용하는 색깔 표현이 남성
이 사용하는 색깔 표현보다 그 범위
가 넓다고 알려져 있다. 한편, 어떤
특정 개인이 사용하는 색깔 표현의 범위는 그 사람이 경험한 바에 의
해서 달라지기 마련이다.

대학교 1학년 시절, 별다른 이유도 없이 나는 특정 색깔에 끌렸다.
어쩌다 사는 옷은 항상 그 당시 좋아했던 그 색깔의 옷이었다. 하루는
가방을 새로 사서 학교에 들고 갔다. 물론 그 역시 내가 좋아하던 색깔
의 가방이었다. 동일한 색깔의 아이템들을 내가 마치 수집이라도 하는
듯 보였던지 동기 여학생 하나가 말을 걸었다.

"오늘은 카키색 가방이네? 넌 카키색을 정말 좋아하나봐?"

세상에 태어나 "카키색"이란 말을 그때 그 여학생을 통해 처음 들었다.

아주 짧은 시간이 더 필요했지만, 그 여학생이 말하는 카키색이 내 가방의 색깔을 의미한다는 것을 어렵지 않게 알 수 있었다.

사실 나에겐 그저 녹색, 굳이 세세하게 구별해서 말해야 한다면 질은 녹색, 혹은 내가 당시에 실제 쓰던 표현으로는 국방색이었을 가방 색깔에 대해 카키색이라는 이름이 더욱 적절하다는 것을 알게 된 순간 그제야 나는 비로소 녹색과 카키색을 구별할 수 있게 되었다.

몇 해 전 해외 출장을 떠나던 날의 에피소드이다. 일 때문이었지만 매번 혼자 출장을 나가게 되는 것이 미안하여 아내에게 출국 전에 면세점에서 선물을 하나 사다 주겠노라고 했다. 필요한 것이 있으면 말해보라고.

필요한 것이 없던 아내는 재촉하는 나를 달래려는 요량으로 립스틱이나 하나 사다 달라고, 대신 색깔은 "분홍 말고 핑크"로 부탁한다고 했다.

별 생각 없이 버스에서 내려 면세점의 화장품 코너를 기웃거렸다. 여자 화장품에 조예가 깊을 리 없는 나를 꿰뚫어본 점원 하나가 이내 따라붙었다.

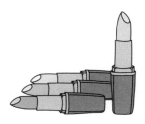

"찾는 것 있으세요?"

"아, 네… 립스틱을 하나 사려고요. 분홍 말고 핑크색 좀 하나 골라 주실래요?"

점원이 열심히 분홍 아닌 핑크색 립스틱을 내보여 주었으나 내 눈에는 모두 똑같아 보여 결국 립스틱을 구입하지는 못하고 말았다.

대개 여자들이 립스틱 색깔에 민감하니 본인이 직접 고르는 것이 맞을 것이라는 이야기도 들었다.

"분홍 말고 핑크"가 얼마나 웃기는 말인지는 매장을 빠져나오면서 깨달았다.

세상에나… 분홍이 핑크고 핑크가 분홍이지, 분홍 말고 핑크가 뭐람….

애초 그렇게 말한 아내나, 점원에게 그대로 말을 전한 나 자신이나, 내 주문에 대해 열심히 분홍 아닌 핑크색 립스틱을 찾아 나섰던 점원이나, 잠시지만 모두 이상한 사람들처럼 느껴졌다.


A 립스틱의 색은 B 립스틱의 색에 비해 어떻고, 다시 A와 B에 비해 C 립스틱의 색은 또 어떻고...


다시 면세점 장면으로 되돌아가, 점원은 나에게 여러 개의 립스틱을 보여주며 각각의 색깔에 대해 열심히 설명을 하고 있었다.

그런데 나에겐 A나 B나 C나 모두 다 똑같은 색으로 보일 뿐이었다. "다 똑같아 보입니다."와 같이 말하면 바보라도 될 것 같아 알아듣는 척 연신 고개를 끄덕였지만, 점원이 하는 말은 실상 외계어나 다름없었다.

내가 점원이 하는 말을 알아듣지 못하였던 것은 사실 남녀의 유별함에서 그 이유를 찾아야 한다. 특히 빨간색을 지각하는 데 있어 남녀의 차이가 확연히 드러나는데, 여성이 남성에 비해 빨간색의 여러 종류들을 세세하게 구분한다. 빨간색을 보는 유전자가 X 성염색체에 있는데, X 성염색체에 있는 그 색깔 유전자가 쉽게 돌연변이를 일으킨다고 한다. 주지하듯 남성에 비해 여성이 X 염색체를 하나 더 가지고 있는 이유로 여성은 남성에 비해 더욱 많은 빨간색을 구별하여 볼 수 있게 되는 것이다(남성은 XY, 여성은 XX).

서로 다른 두 가지의 색깔을 어찌하여 구분하지 못하느냐고, 혹은 하나의 색깔을 무슨 이유로 구분하여 말하느냐고 이성 친구를 혹은 배우자를 마냥 타박해서는 곤란할 일이다.

하하하, 넘 재밌습니다! 그런데 예전에 수업시간에 이 일화를 들려주셨을 때, 수업 듣는 선생님들(모두 여성)이 가진 생각이 다들 달랐어요. 저는 분홍이라면 진달래 같은, 수수하면서도 흰 색이 섞인 탁한 빛깔이고 핑크는 그보다 붉은 기가 많으면서 투명한 색상인 걸로 떠올려지는데, 다른 분은 그 반대로 생각하신 다네요. 그러니 분홍색과 핑크색의 구분이 가능하긴 한 건지요? 요런 어려움을 극복하고자, 립스틱 아래에 번호가 붙어 있습니다. 사모님께 번호를 알려달라고 하심 고르기가 쉬우실 거예요! (번호가 화장품 회사마다 다른 것이 함정. 다 모아놓으면 수백 가지는 될 것 같네요.)

 글이 재미있어서 댓글을 남기지 않을 수가 없네요. :)
느낌적 느낌의 분홍과 핑크의 차이를 알 것 같은 것은 제가 XX 염색체를 가져서일까요?

저는 아직도 분홍과 핑크를 구분하지 못합니다. 두 가지 색을 제 앞에 두고 하나를 분홍으로 다른 하나를 핑크로 구분해 보라면 잘해낼 자신이 없습니다. 다만 진달래는 분홍, 철쭉은 핑크라고 생각합니다. 사극 여주인공은 분홍색 입술을, 현대물의 여주인공은 핑크색 입술을 가지고 있을 것 같습니다. 그렇게 보면 분홍과 핑크가 자체로 값을 가진다기 보다는 다른 것과의 관계 속에서 가치가 매겨지게 되는 것 같군요.

대중가요 중에 "분홍 립스틱"이라는 노래가 있습니다. 가삿말을 보면 화자는 "핑크 립스틱"이 아닌 "분홍 립스틱"을 바르고 있습니다. 아주 잘 뽑힌 가삿말이라는 생각이 드는군요.

"언제부턴가 그대를 그대를 처음 만난 날, 남모르게 그려본 분홍 립스틱 떨리던 마음같이 사랑스럽던 그 빛깔, 말없이 바라보던 다정했던 모습"

# 남침이냐 북침이냐, 그것이 문제로다

**38**

2013년 온 국민이 충격에 휩싸였다. 더욱 분명한 사실 관계를 말하자면, 정부와 언론은 온 국민이 충격에 휩싸여야 할 것처럼 호들갑을 떨었다.

*"얼마 전 언론에서 실시한 청소년 역사인식 조사 결과를 보면 고교생 응답자의 69%가 6·25를 북침이라고 응답한 충격적인 결과가 나왔다. 역사는 민족의 혼이라고 할 수 있는데 정말 문제가 심각하다."\**

이는 박근혜 전 대통령이 서울신문에서 실시한 설문 조사 결과를 두고 청와대 수석비서관 회의에서 한 말이다. 이 말을 받아쓰기한 언론들이 한동안 야단법석을 떨었던 것이다.

뉴스가 전달하는 내용은 점입가경이다.

---
·

\*   http://www.donga.com/news/article/all/20130625/56091750/1

"북한의 주장과 궤를 같이하는 청소년들의 역사인식…"
"2013년 대한민국은 왜곡된 역사관 속에 젊은이를 방치하는 한심한 국가…"

그런데, 이어지는 내용은 다시 나를 갸우뚱하게 했다.

전국의 10대와 20대 수백 명을 대상으로 다시 물은 결과 응답자 전원이 "6.25 전쟁은 북한이 남한을 침공하여 일어난 전쟁이라는 역사적 사실을 정확히 알고 있었다"고 뉴스는 전하고 있었다. 그리고 그 결과가 놀라운 것이라는 논평을 내놓았다.

무엇을 어찌 하라는 것인지….

애시당초 한국전쟁을 "북침"이라고 이해하였다는 것이 청소년의 역사의식이 무너졌다는 뜻이 될 수는 없었다. 동아일보에서 다시 수백 명을 대상으로 심층 조사를 하였더니 응답자 전원이 제대로 된 이해를 하고 있었다지 않은가. 그렇다면 무엇이 문제였을까?

합성어의 무질서함이 굳이 문제라면 문제였다. "남침"과 "북침"은 각각 두 가지의 의미를 가진다. "남침"을 예로 들자면, "남"이 대상자 역(patient role)을 가지게 되는 경우 침범의 대상이 남측이었다는 뜻이 되고, 행위자 역(agent role)을 가지게 되는 경우에는 남측이 침범의 주체였다는 뜻이 된다. "북침"도 마찬가지여서, 그 표현만 보아서는 북측이 침범의 대상이 될 수도 있고 그 주체가 될 수도 있는 것이다.

서울신문이 애초 다짜고짜 "한국전쟁은 북침인가? 남침인가?"와 같이 "생각 없이" 물었던 것이 화근이었다(혹시 "깊은 생각 끝에 의도를 가지고" 그와 같이 물었던 것이라면 내가 공식적으로 사과해야 옳다). 응답자 전원은 "왜곡되지 않은" 역사의식을 가지고 있었을 터인데, 정부와 언론이 "왜곡된" 해석으로 우리를 헛갈리게 하였을 뿐이다.

죄 없는 아이들을 이렇듯 욕보여서야 되겠는가!

설문을 접하는 순간 북침, 남침 등의 용어가 혼동을 일으킨 것 같습니다. 고등학교 아이들을 잘 안다면 그렇게 묻지 않았을 것 같아요. 그러고보니 북풍, 남풍은 또 다르고 북향집, 남향집은 또 다르네요? 이렇게 보니 우리말이 참 복잡하네요!

북풍과 남풍은 바람이 불어오는 방향을 두고 하는 말이겠지요? 북향집과 남향집은 대문이 바라보고 있는 방향을 두고 하는 말이고요. 음…. 북향집은 북쪽을 바라보고 있으니 북풍을 맞는 것 같아요. 남향집은 남쪽을 바라보고 있으니 남풍을 맞이하게 되고요.

북풍이 가진 이미지는 차갑고 매서운 반면, 남풍은 온화한 이미지를 가지죠. 실제로 남향의 집이 채광이 좋고 더 따뜻하잖아요. "북풍이 몰아닥쳤다", "훈훈한 남풍이 불었다"와 같이 말을 해야지, "남풍이 몰아닥쳤다", "훈훈한 북풍이 불었다"와 같이 말하면 무언가 어울리지 않는 느낌이 드는군요.

# dragon boy

"dragon boy"가 무슨 뜻일까? 우리말
로 직역을 하면 "용 소년"인데, 그렇다면
그것은 또 무슨 뜻일까?

- 반려동물로 용을 키우는 소년
- 용 무리와 함께 사는 이야기 속의 소년
- 용띠 해에 태어난 소년
- 용의 기운이 넘쳐 마치 용처럼 불을 내뿜는
  소년
- 용이 잉태하였다는 전설 속의 소년
- 용의 그림만 그리는 정신세계가 비범한 소년

기타 수없이 많은 의미가 "dragon boy"에 담길 수 있다. 그 말을 내
뱉은 사람의 의중을 직접 물어야만 그 정확한 의미를 파악할 수 있다.

"dragon boy"는 명사에 명사가 더해진 합성명사인데, 합성을 통하여 이르게 되는 최종의 의미가 매우 가변적일 수 있다는 것이 합성명사의 중요한 특징이다.

물론 모든 합성명사가 이렇듯 즉각적 의미 해독이 어렵거나 불가한 것은 아니다. 도리어 우리가 사용하는 합성명사의 대부분은 누가, 언제, 어디에서 그 말을 사용하든 그 의도된 의미가 쉽사리 파악된다. 예를 들어, "butterfly net"*은 누가 말하든, 어느 시점에서 말하든, 어떠한 상황 맥락에서 말하든, "잠자리채"의 의미를 가진다.

"butterfly net"을 가만 보면 또한 흥미롭다. "mosquito net"**과 같은 표현과 비교해 보았을 때 말이다. 주지하듯, 전자는 잠자리와 같은 곤충 따위를 잡는 도구를 가리킨다. 후자의 "mosquito net", 즉 "모기장"은 어떠한가. 모기를 잡는 도구를 모기장이라 말할 리 만무하지 않겠는가. "butterfly net"과 "mosquito net"은 겉보기엔 동일한 구조를 가진 합성명사인데, 그 의미 파악을 위한 내재적 구조에 대한 분석은 어찌하여 다르게 시도되어야 한다는 말인가.

"butterfly net"은 "mosquito net"과는 내재적 구조가 이렇듯 다르다고 이해되지만, 어찌되었든 두 표현 모두 표면적인 의미는 상당히 투명하다. 무슨 말인가 하면, "butterfly net"은 "butterfly"와 "net"이 합성된 말로, 합성의 결과 "butterfly"와 "net"의 개별적 의미를 온전히 유지하게 된다. "mosquito net" 역시 마찬가지이고 말이다. 그에 비해

---

\*    a butterfly net: a net used for catching insects (잠자리채: 곤충을 잡기 위해 사용하는 그물)

\*\*    a mosquito net: a net used for keeping out insects (모기장: 곤충을 막기 위해 사용하는 그물)

우리가 사용하는 합성어 중에는 의미적 투명성이 담보되지 않는 경우들도 많다. "bird brain"이 단순히 "새 머리"를 말하는 것이 아닐 것이고(바보, 멍텅구리를 의미한다), "flea market"에 가봐야 거래되는 벼룩을 만나볼 수 없을 것이며(한국어로도 "벼룩시장"이라 말한다), "honey moon"의 의미를 "꿀 달"로만 안다면 정상적인 언어생활이 가능하지 않을 것이다.

이제 막 결혼한 커플이 떠나는 신혼여행이 "honey moon"의 진짜 의미이다. 한편 우리는 언어생활을 통해 "밀월(蜜月)"이라는 말도 사용하고 있다. 밀월은 "꿀 달"의 한자어 표현으로 "honey moon"으로부터 번역된 것임이 분명해 보인다.

그런데 흥미로운 사실로 밀월은 신혼부부가 떠나는 여행이 더 이상 아니라는 점이 눈에 들어온다. 이제 막 결혼식을 올린 신혼부부에게, "그래서 밀월여행은 어디로 가나요?"와 같이 묻는다면 대단한 실례를 범하는 일이 될 것이다. "honey moon"과 "밀월"은 여행을 떠나는 주체가 서로 너무나도 달라져 버렸다.

결국 말은 화자 상호간의 약속이다. "honey moon"을 "밀월"로 번역해 놓고는 왜 서로 다른 맥락에서 사용하고 있느냐고 따질 이유가 없다. 우리가 그렇게 말을 쓰고 있다는 사실을 아는 것이 중요하고, 쓰임새에 맞춰 건강한 언어생활을 해나가면 될 일이다.

"dragon boy"가 무슨 의미인지 파악하기 어려운 이유는 우리가 자주 쓰는 말이 아니기 때문이다. 무슨 이유에서든 우리가 자주 쓰는 말이 된다면 (가령 "dragon boy"라는 이름의 드라마가 제작되어 공전의 히트를 치게 된다면) 그것이 가질 수 있는 수많은 의미 중의 하나가 화자들 간에 선명하게 자리를 잡게 될 것이다.

교수님의 글을 읽고 합성명사의 내부 구조를 생각해볼 수 있었습니다. 합성된 말 사이에는 여러 종류의 의미 관계가 들어 있었네요! 요즘 학교에서 가르치는 내용 중 "upcycling"과 "trashion show"가 나옵니다. 환경에 대한 관심이 높아지면서 이런 말들이 새롭게 생겨나고 선명한 의미가 자리잡았음을 알겠네요.

예전에 학급경영 방법으로 점수제를 사용한 적이 있어요. 아이들이 정한 규칙을 적용하여 하루에 마이너스 3이 되면 벌칙을 받는 것이 골자였는데, 그걸 "마삼"이라 불렀답니다. 비록 20명이 조금 넘는 작은 공동체 안에서 자연스럽게 만들어진 언어적 합의였는데, 아이들 사이에 오늘 누가 마삼이냐가 매일의 이슈가 되었답니다. "마삼"은 당시 우리 학급만의 상호적 이해가 만들어 낸 언어였네요.

# 깨끗한 중고차 매매단지

**40**

청주 IC를 빠져나와 한국교원대학교 쪽으로 방향을 틀면 길 건너편으로 중고차 매매단지가 보인다. 교원대에 부임한 것이 2009년 8월인데, 해당 매매단지는 그때부터 있었다. 흰 바탕에 검은 글씨로 "깨끗한 중고차 매매단지"라고 쓰인 세로로 길쭉한 입간판을 매주 만나면서, 그때마다 무슨 뜻으로 저런 이름을 붙였을까 의아해했다.

안팎으로 때 빼고 광내어 깨끗해진 중고차를 거래한다는 뜻인지, 아니면 임직원들이 새벽부터 열심히 쓸고 닦아 매매단지가 깨끗하다는 뜻인지 갸우뚱했다.

수년간 그 앞을 지날 때마다 마치 습관처럼 똑같은 궁금증을 마음에 품었다. 그런데 어느 날 입간판이 바뀌었다. 이름은 그대로인데 노란색 바탕에 청색과 붉은색 글씨로 새 단장을 한 것이다.

    새로 세워진 간판을 보고는 이내 마음이 흡족했다. 나의 궁금한 마음이 중고차 매매단지 사장님께 닿았나보다 했다. "깨끗한"과 "매매단지"를 청색으로, "중고차"를 붉은색으로 쓴 것을 보니 중고차가 깨끗하고 말고의 문제 보다는 매매단지를 깨끗하게 유지하는 것이 주인장의 보다 중요한 관심사라는 뜻이 읽혔다.*

    그런데 개운했던 맘은 그리 오래 가질 못했다. "깨끗한 매매단지"라는 것은 도대체 또 무슨 뜻이란 말인가? 매매단지가 깨끗하다는 것이 내가 애초 생각했던 대로 쉼 없이 청소를 열심히 해서 단지가 쾌적하다는 뜻인지, 아니면 중고차 거래 행위가 깔끔하다는 뜻인지 또다시

---

\* 깨끗한 중고차 vs. 깨끗한 매매단지: 구조적 혹은 문법적 모호성(structural/ grammatical ambiguity)의 예시이다.

그 의미가 묘연하게 느껴졌다.*

　이러한 나의 궁금증은 지금껏 계속되고 있다. 아직까지 매매단지를 방문하여 이야기를 직접 나눠볼 기회가 없었기 때문이다.

---

* 　청소가 잘된 깨끗한 매매단지 vs. 거래가 깔끔한 깨끗한 매매단지: "깨끗한"이란 말 자체가 이중의 의미를 가진다. 어휘적 모호성(lexical ambiguity)의 예시가 된다.

하하, 저도 학교 오는 길에 이 간판을 봤습니다. 언뜻 보면 중고차와 매매단지 둘 다 깨끗할 거 같으니 간판 문구를 잘 만드신 거 같습니다!

 "깨끗한 중고차 매매단지"라는 문구를 보았을 때 교수님 말씀대로 애매한 곳이 천지인데도, 가장 중요한 것은 차 상태일 테니 중고차가 깨끗하다는 말이겠지… 하면서 넘겼을 것 같습니다.
돌아보니 저는 생활 속에서 접하는 모호성을 견디는 힘이 높은 것 같습니다. 왜 그런가 보니, 학창시절에 그런 교육을 받아온 것도 원인이겠다는 생각이 드네요. 교사로서, 애매모호함의 원인을 찾아내는 아이들을 길러내기 위해서 좀 더 예민해져야 할 것 같습니다.

모호성의 원인은 참 다양합니다. 한국어의 경우엔 띄어쓰기로 인해 모호성이 생기기도 하죠. "아버지 가방에 들어가신다"는 다들 아시는 유명한 예가 될 것이고, 인터넷 상에 돌아다니는 플랜카드 광고 문구를 보고는 빵 터졌던 일이 있습니다. 이렇게 쓰여져 있더군요.

"최신식 원룸 몸 만들어오세요!"

원룸에 최적화된 몸이 따로 있나 보다 했습니다. :)
아, 또 하나가 갑자기 생각이 나는군요.

"뽀로로 의대모힘"

실제 사례랍니다. TV에 저렇게 나왔다니까요!

# 자정까지 제출하세요

**41**

2020년을 기점으로 하여 지금 이 순간에 이르기까지 우리는 대대적인 홍역을 치러나가고 있다. 일상 회복에 대한 기대 속에서도 여전히 위세를 떨치고 있는 코로나19. 그 시작은 생전 다시 겪고 싶지 않은 불편과 공포 그 자체였다. 사회 곳곳은 유래 없이 움츠러들었으며, 경제, 사회문화, 스포츠와 예술, 교육 등 각 부문에서 너나없이 위기를 논했다.

한편 위기는 인간을 단련하는 기회와도 같았다. 일례로 교육 부문에서 우리는 온라인 교육 플랫폼을 대체재로 활용하는 방식으로 맞섰다. 그 과정에서 교수자나 학습자 모두 빠르게, 또 순조롭게 새로운 교육 형태에 적응해 나갔다. 이미 시작된 교육문화의 거대한 변곡점에서 우려와는 달리 우리에겐 그저 짧은 적응 기간만이 필요할 뿐이라는 사실이 입증되고 있었다. 나로서는 이 점이 참 놀랍다.

매체를 통해 학생들과 상호작용하는 과정에서 있었던 일이다. 과제물을, 일례로 오후 6시까지 받겠다고 공지한 상황이었다. 마감 시간이 막 지나고 있던 시점에 학생 하나로부터 다급한 연락이 왔다. 본인의 기대와는 달리 6시 땡하는 순간 온라인상의 과제물 제출 코너가 닫혀 버렸다는 사연이었다. 지각 제출이 될 상황이 억울하다고도 했다. 6시로 마감 시한을 세팅해 둔 것은 물론 나였지만, 그런 상황이 벌어질 줄이야 짐작이나 했겠는가. 괜스레 미안한 마음이 들었다. 그나저나 6시까지 과제를 받는다는 말은 정확히 언제까지 과제를 받겠다는 말이 되는 것일까? 과제물의 제출 기한은 정확히 5시 59분 59초인가, 아니면 6시 00분 00초인가?

집은 서울, 학교는 청주에 있다 보니 고속도로를 자주 이용하게 된다. 학교에서 일을 마치고 서울에 올라오는 시간에는 어김없이 길이 막힌다. 요령이 조금 생겨 차가 조금이라도 덜 막히는 시간을 찾아다니곤 한다. 버스전용차로 운영 시간이 끝나는 시점, 즉 밤 9시에 맞춰 서울에 근접하는 것이 내가 터득한 꽤 유용한 요령 중의 하나이다. 버스전용차로가 풀리고 비로소 1차로로 진입할 수 있게 되는 순간 막힌 길이 한결 나아지곤 하기 때문이다. (참고로, 고속도로 버스전용차로는 오전 7시부터 오후 9시까지 운영된다.) 그런데 그러한 요령을 부리는 것이 나만은 아닌가보다. 2차로의 수많은 차량들이 8시 59분이 되면 카운트다운에 돌입한다. 한껏 납작 엎드렸던 개구리처럼, 혹은 잔뜩 움츠렸던 용수철 마냥 9시 땡하는 순간 그들은 경쟁적으로 1차로로 진입을 시도한다. 그때마다 나는 9시 00분 00초에 단속 카메라에 찍힌 차량에 대해서는 어떠한 판단을 내려야 하는 것인지 궁금해진다. 9시까지 버스전용차로를 운영한다고 공식적으로 되어 있으니 법규를 위반하게 되는 것일까? 아니면 8시 59분 59초를 지난 시점이니 적법한 운행을 한 것일까?

　바로 얼마 전 주변의 사람들에게 가볍게 물었던 적이 있다. "점심시간은 1시까지입니다."라는 말과 "자정까지 제출하세요."라는 말이 정확히 어떻게 해석되는지를 말이다. 스무 사람에게 물었는데, 그 결과가 꽤 재미있었다. 먼저 점심시간이 1시까지라는 말에 대해 열 여덟 사람이 1시 00분 00초까지를 점심시간이라고 보았던 반면, 두 사람은 12시 59분 59초까지를 점심시간으로 해석하였다. 자정까지 제출해야 한다는 후자의 말에 대해서는 그 반응이 거의 반으로 갈렸다. 열 한 사람이 00시 00분 00초까지를 포함하는 시간을 제출 기한으로 이해하고 있었다. 그에 비해 아홉 사람은 00시 00분 00초가 되기 전까지 제출이 이뤄져야 한다고 보았다.

　이렇듯 일상에서 "까지"라는 말은 모호하게 해석되는 경우가 꽤 많다. "까지"는 "어떤 일이나 상태 따위에 관련되는 범위의 끝임을 나타내는 보조사"의 의미를 가지는 것으로 사전은 뜻풀이를 제공하고 있다. 어떤 일이나 상태 따위에 관련되는 범위의 끝 지점을 정확하게 포함하게 되는 것인지 그렇지 않은 것인지 모호하여 화자마다 해석이 달라지게 되는 경우들이 많다는 말이다.

　그와 관련하여 화자 및 청자가 처한 구체적인 상황에 따라 해석이 달라질 수 있는 것으로 보인다. 앞선 작은 규모의 설문에서 "점심시간은 1초도 존중되어야 한다."는 재치 있는 답변이 덧붙여져 있었던 것처럼 말이다. 거꾸로 점심시간이 12시 59분 59초라고 답한 사람은 1시 땡하는 순간부터는 오후 업무에 돌입할 수 있도록 충분한 준비가 되어 있어야 할 것이라는 해설을 덧붙이고 있었다.

누군가 나에게 묻는다면 "까지"라는 말을 범위의 끝을 포함하는 것으로 해석하는 편이 더욱 적절할 것이라고 답을 해야 할 것 같다. 다음의 예시들에서 알 수 있는 것처럼 말이다.

- *너까지 이럴 거니?*
- *여기까지 오게 되었군요.*
- *금요일까지 일을 해야 합니다.*
- *표시선까지 물을 부어주세요.*
- *디저트까지 먹고 나가야지!*
- *세차까지 해드립니다.*

다만 사전적 의미와는 다소 무관하여 상황에 따른 화자의 심리적인 해석은 얼마든지 달라질 수 있다는 사실이 간과되어서는 아니 될 것이다.*

---

\* 참고로, 이상의 모든 논의는 영어에서의 유사 표현인 until, by, to 등과 관련해서도 동일하게 적용된다.

저는 평소에 "까지"와 "until"이 다르게 인식되는 것은 아닐까 생각했어요. 가령 저는 "금요일까지"이면 금요일 자정까지로, "until Friday"라고 하면 목요일 자정까지로 생각을 하거든요. 다른 분들은 어떻게 생각하시는지 늘 궁금했어요. 항상 모호하다고 생각했던 부분이라 교수님 글에 공감하면서도 여전히 물음표가 남습니다.

흥미롭군요. 설마 했는데 쌤처럼 영어와 한국어에 다른 의미를 부여하시는 경우가 있네요.

제가 미국에서 강의하면서 경험한 것으로, "Please submit your assignment by this Friday."라고 공지하면 대부분의 학생들이 토요일로 넘어가기 전까지로 알아듣는 것 같았어요. 물론 금요일을 포함하는 것이냐, 목요일까지인 것이냐는 질문도 적지 않게 있었던 것으로 기억해요. 그래서 미루어 짐작하기를 언어의 문제는 아니구나라는 생각을 했었답니다.

실제로 쌤처럼 한국어와 영어에서 다른 느낌을 가지게 된다면 이는 너무 재미있는 경우가 되는 것 같아요. 제2언어의 개념 형성이 모국어와 관련하여 어떠한 관계를 형성하게 되는 것인지에 대해 힌트를 얻어볼 수 있거든요. 이와 관련하여 여러 가능성이 언급되지만, 쌤 사례라면 양 언어에서의 개념(어휘 개념에 대한 이해, 세상에 대한 이해, 전반적 인지의 발달)이 각각 독립적으로 형성됨을 의미하게 됩니다.

이와는 다른 가정으로는 무엇이 있을지 혹시 궁금해 하실까봐 덧붙이면, 또 다른 하나의 가정은 양 언어에서의 개념이 동일한 풀에서 형성된다는 것이고(비행기와 airplane을 각각 떠올려도 동일한 심상이 얻어진다는 가정), 또 다른 하나는 제2언어의 경우 모국어를 통해서 비로소 목표 개념에 도달하게 되리라는 가정이에요(모국어인 한국으로 떠올린 비행기의 심상을 통해 목표어인 airplane이 표상하는 바에 도달하게 된다는 가정). 흥미로운 코멘트 감사합니다. :)

몇 년간 남산터널을 이용해서 출퇴근한 적이 있습니다. 통행료 부과 시간이 오전 7시에서 오후 9시"까지"였는데 요금이 아까워서 오후 9시 가까이에 퇴근할 때는 괜히 주변을 돌다가 넉넉히 9시 5분 좀 넘어서 터널을 통과하곤 했었답니다. 제가 9시 정각에 터널을 통과했더라면 어떻게 되었을까요?

# 이제 노상방뇨 버릇을 고치셨나요?

**42**

피의자 신문이 이뤄지고 있는 법정이다. (사실 대개 실제 법정에 가봐야 드라마틱한 신문 과정을 볼 일이야 없다. 그런 건 드라마에서나 나온다.)

A: 피고는 지금부터 "네" 혹은 "아니 오"로만 답하세요. 피고는 근래에도 여전히 노상방뇨 행위를 하십니까?

B: 아니, 노상방뇨라니요? 제가 사람 은 이렇게 생겼어도….

A: 이거 보세요, 피고! "네" 아니면 "아 니오"로만 답하시라니까요! 자, 그 렇다면 피고는 이제 노상방뇨 버릇을 고치셨나요?

A는 B가 노상방뇨라는 불법적 행위를 범한 적이 있는지를 추궁하고 있다. B가 노상방뇨와는 거리가 멀어 한없이 결백하다 하였을 때 그는

A의 질문에 대해 도대체 무어라 답을 해야 할까? 근래에도 여전히 노상방뇨 행위를 하느냐는 질문에 "아니오"라고 답을 해봐야 B가 과거에도 노상방뇨를 한 적이 없다는 의사를 표현할 수는 없다. 이제 노상방뇨 버릇을 고쳤느냐는 질문에 대해서 "아니오"는 말할 것도 없고 "네"라고 답할 수도 없는 노릇이다. 현재는 노상방뇨를 하지 않지만 과거에는 그런 버릇을 가지고 있었노라고 자인하는 꼴이 되기 때문이다.

A는 B를 신문하는 과정에서 전제(presupposition)를 활용하고 있다. 여기서 전제란 진술이나 의문, 혹은 명령 등의 단언이 이뤄지기 위한 배경이 되는 가정을 말한다. 전제는 화용적 전제의 경우에서와 같이 상황 맥락을 통해 구성될 수도 있고, 위 대화에 제시된 A의 질문에서와 같이 언어적 표현을 통한 의미론적 전제로 나타날 수도 있다. 언어적 전제는 예시한 대화에서 잘 드러나듯 상대방을 추궁하는 장면에 있어 특히 유용한 기술이다.

남편이 집안일을 나 몰라라 하여 화가 난 부인이라면 "설거지를 할 거야 말 거야?"와 같이 추궁하는 것보다는 "설거지를 언제 할 참이야?"와 같이 말을 하는 편이 남편을 움직이게 하는 데 있어 훨씬 더 효과적이다. 설거지를 언제 할 참이냐는 질문은 남편이 설거지를 할 계획을 가지고 있었음을 의미하기 때문이다. 그에 비해 설거지를 할

것이냐 말 것이냐 묻는다면 남편은 빠져나갈 구멍을 이미 확보하고 있는 셈이 된다.

전제의 경우 하는 말을 부정해도 전제되는 바가 사라지지 않는다는 중요한 특징을 가진다.

*1. 그는 노상방뇨 버릇을 버렸다.*
*2. 그는 노상방뇨 버릇을 버리지 않았다.*

1을 부정하여 2와 같이 말하여도 그가 이전에 노상방뇨 버릇을 가지고 있었다는 내용의 전제되는 바가 사라지지 않는다. 한편, 똑같은 내용을 뒤집어 표현하자면 긍정과 부정 어느 쪽으로 말하여도 여전히 사라지지 않는 내용이 바로 전제가 된다 하겠다.

*3. 철수는 영희의 삼촌이다.*
*4. 철수는 영희의 삼촌이 아니다.*

3과 4, 어느 쪽으로 말하여도 여전히 전제가 되는 바는 철수와 영희의 존재, 그리고 철수가 남자라는 사실이다.

교수님, 4번 문장에서 철수가 남자라는 사실이 반드시 전제가 될 수 있나요? 철수라는 이름을 가진 여성이 있을 가능성도 있지 않나요? 통상적으로 철수는 남자라고 생각을 한 것이면 이러한 경우는 화용적 전제라고 해야 하는 건가요?

철수가 남자라는 가정 하에 성립하는 전제를 말하는 거예요. 철수가 여자라면 다른 종류의 전제를 논해야 하겠죠: "철수와 영희의 존재, 그리고 철수가 여자라는 사실." 이건 화용적 전제와는 거리가 멀어요. 철수는 쌤 말씀대로 남자일 수도 있고 여자일 수도 있을 테니까요. 전 철수가 남자라는 선입견 속에서 이 글을 썼던 것 같네요.

# 우유가 떨어졌네

동네 마트에서 주로 장을 보다가도 어쩌다 기분전환 삼아 대형 마트에 들르곤 한다. 성수동에 있는 한 마트에 갔다가 무빙워크를 타고 올라가던 중 발견한 광고 문구이다.

"우유가 떨어졌네." 엄마의 말이다.

아이가 답한다, "엄마 내가 주울까요?"

이에 대한 광고 카피는 "아이의 예쁜 말이 기억에서 사라지기 전에 기록해 두세요."와 같았다. "예쁜 말"에는 특별히 색깔도 다르게 입히고 강조점까지 찍었다.

직접 사진을 찍어 누군가에게 보였더니 엄마를 도우려는 아이의 마음이 예쁘다는 뜻으로 이해했다.

그러나 카피라이터의 의도는 다른 데 있었으리라. 우유가 떨어졌다는 말에서 "떨어지다"는 중의적이다. 그 중의 하나는 어떤 물건이 물리적으로 위에서 아래로 내려지다의 의미이다. 그 외에도 "동나다"의 동의어 쯤에 해당하는 의미도 있다. 물론 여기서 "우유가 떨어졌다"는 말은 "우유가 동났다"는 뜻이다. 전술한 "떨어지다"의 두 가지 의미 중 전자는 구체적이고 직접적이다. 그에 비해 후자는 추상적이고 비유적이다.

광고 카피에서 알 수 있는 점은 아이가 언어 습득 과정에서 구체적이고 직접적인 의미를 먼저 파악하게 된다는 사실이다. 추상적이고 비유적인 의미에 대한 습득은 사실 생각보다 시간이 좀 걸린다.

언어 습득과 관련한 서적들을 찾아보면 모국어 습득은 만 5세 이전에 완성이 되는 것으로 설명된다. 특히 제2언어 습득과 견주어 모국어의 경우 신비로울 만큼 빠른 시간 안에 습득이 되는 것이라고 강조되곤 한다.

그러나 알고 보면 모국어 습득 역시도 지난한 과정이다. 언어가 가진 추상적, 비유적, 상징적 의미를 습득해야 하는 일이 쉽지 않고, 언어의 화용적 측면을 올바로 이해하고 활용할 수 있어야 할텐데 그것역시 만만치 않은 일이다.*

---

\* 화용이란 실제 맥락에 따른 언어의 쓰임새를 말한다. 우리가 사용하는 말은 두 개의 층위에서 그 의미를 파악해 볼 수 있는데, 하나는 표면적이고 직접적인 의미이며, 다른 하나는 비표면적이고 간접적인 의미이다. 이때 후자의 의미가 언어의 화용적 의미이다. 남편이 아내에게 말한다, "집이 무덤같이 컴컴하네." 이 말의 숨은 뜻은 "어서 불을 좀 켜시오."와 같을 수 있다. "집이 무덤같이 컴컴하네."라는 말은 표면적으로는 집안에 빛이 들지 않아 어둡다는 진술적 의미와 불을 켜자는 제안 내지는

광고 문구를 만든 카피라이터가 언어학적 배경지식을 가지고 있었는지 알 길은 없다. 다만 분명한 것은 그가 구체성과 추상성이라는 언어 의미의 양 측면을 꽤 잘 포착하였다는 사실이다.

---

불을 켜달라는 요청이나 명령의 함축적인 의미를 동시에 가질 수 있다.

귀여운 광고 카피에 대한 전문적 해석이 흥미롭습니다. 매일 다양한 소리로 옹알이하는 아기의 의사를 제 마음대로 해석하면서 언제쯤 알아들을 수 있는 말로 얘기해줄까 기대하게 됩니다. 아기의 말들을 관찰하고 기록하면서 언어학적 해석을 해보는 것도 재미있을 듯합니다.

육아로 얼마나 힘이 드실까요. 늘 응원합니다!

실제로 여러 연구자들이 본인 자녀들을 연구의 대상으로 삼아 장시간에 걸쳐 언어 발달 과정의 신비로움을 관찰하여 보고하여 왔습니다. 손쉬운 연구가 어디 있겠습니까만, 자신의 자녀를 객관화하여 연구를 한다는 것이 얼마나 어려운 일이었을까요. 쌤도 한 번 용기를 내보심이….

# 겨울의 의미

**44**

　나는 하와이에서 박사 공부를 했다. 지상에 낙원이 있다면 그곳이 바로 하와이일 것이라고 사람들은 말한다. 휴양, 관광, 쇼핑의 삼박자가 절묘하게 맞아 떨어지니 하와이하면 언제나 최고의 신혼여행지로 손꼽힌다. 이러저러한 일들로 하와이에 방문하는 사람들이 많다보니, "박사 졸업을 하려면 공항에 백 번은 나가야 한다."는 말을 앞서 공부하는 선생님들께 들었던 적이 있다. 졸업할 무렵 새삼 그 말이 사실이었구나 싶었고.

　"하와이" 하면 무엇이 떠오르는가. 화창한 날씨? 와이키키 해변? 나름 적지 않은 시간을 살았기에 풀어 놓을 이야기 보따리가 제법 묵직하지만, 여기에서는 하와이의 날씨에 대

해서만 잠시 이야기를 해보자.

하와이하면 주구장창 뜨거운 여름만 계속될 것 같지만, 사실 그곳에도 사계절이 있다. 잠깐잠깐 방문하는 사람들에게는 제아무리 설명해도 곧이곧대로 받아들여지지 않는 사실로, 하와이에 오래 살다보면 계절마다 날씨가 다르고 피는 꽃이 다르다는 것을 느끼게 된다. 여름이야 대충 상상할 법한 (작열하는 태양볕이 뜨겁지만 그늘에 들어가면 기분 좋게 시원한) 날씨일 것이고, 한 겨울엔 낮 기온이 섭씨 23도 정도까지 내려갔던 것 같다. 밤에는 제법 쌀쌀하여 한국 사람들의 경우엔 전기장판을 구해서 난방을 하고 지내는 경우도 흔했다. 아이러니하게 들리겠지만, 물론 겨울에도 해수욕을 즐기는 사람들은 많다. 겨울이라고는 하여도 하와이는 하와이가 아니겠는가.

그런데 만약에 하와이에서 나고 자라 평생을 바깥 세상과 차단된 채 살아온 사람이 있다면, 그에게 겨울은 어떠한 의미일까?

박사 공부를 위해 유학을 준비하면서 하와이 대학만을 지원했던 것은 아니었다. 하와이 대학 말고도 세 군데 학교에 더 지원했었는데, 그 중의 하나가 미네소타 대학이었다. 미네소타 대학은 미국 중서부의 트윈시티에 자리를 잡고 있다. 그곳에 직접 살아본 것은 아니지만, 들었던 이야기로 겨울엔 영하 30도 밑으로도 곧잘 내려가고, 일 년 중 다섯 달 정도는 원 없이 눈 구경을 할 수 있다고 한다.

만약에 미네소타에서 나

고 자라 평생을 바깥 세상과 차단된 채 살아온 사람이 있다면, 그에게 겨울은 어떠한 의미일까?

"겨울"의 의미는 무엇일까? 먼저 겨울은 가을의 다음 그리고 봄의 이전에 오는 계절이고, 북반구의 경우에는 12월부터 2월까지이며, 절기로는 입동부터 입춘까지의 기간이라는 의미를 가진다. 이는 사전상의 의미(dictionary meaning) 혹은 명시적 의미(denotation)로서 사람들 사이에서 마치 약속처럼 공유되는 상당히 추상적인 의미이다. 한편, 겨울의 구체적인 의미는 사람들마다 다르게 나타나기 마련이다. 하와이에서만 평생을 산 사람에게 떠올려지는 겨울과 미네소타에서만 평생을 산 사람에게 떠올려지는 겨울의 의미가 사뭇 다르게 나타나는 것이다. 겨울의 이러한 의미를 앞선 사전상의 의미 혹은 명시적 의미와 구별하여 함축적 의미(connotation)라고 이른다.

의사소통 상황에서 상대방이 사용하는 말이 가지는 의미에 대해 정확하게 파악하는 것은 그와의 원활한 상호작용을 위해 중차대한 일이 된다. 이때 말의 명시적 의미에만 초점을 맞춘다면 의사소통이 원활할 리가 없다. 상대방이 하는 말이 가지는 속뜻을 정확히 이해하기 위해서는 그가 하는 말의 함축적 의미에도 귀를 기울여야 할 일이다.

그나저나 2004년 만약 하와이 대학이 아니고 미네소타 대학을 선택했더라면 나의 삶은 과연 어떻게 달라졌을까….

서울 토박이신 제 아버지는 어린 시절 겨울이면 한강이 얼어 스케이트를 탔고 어린애들은 콧물을 고드름처럼 달고 살았다고 얘기를 해주셨습니다. 올해 겨울엔 눈다운 눈도 없고 그다지 춥지도 않고 코로나 바이러스로 다들 마스크를 쓰고 다니는 것이 겨울 풍경이네요. 그러고보니 사전상의 의미는 하나이지만 함축적 의미는 사람마다 각기 다르겠어요. 아이들이 겨울이 아름다운 계절임을 경험하도록 가까운 겨울 산에라도 가봐야겠습니다.

저도 하와이의 겨울을 한번 경험해 보고 싶다는 생각이 드네요. 저는 사람들에게 각기 다른 함축적 의미를 가진 말 중 "사랑"을 빼놓을 수 없을 것 같아요. 어떤 사람들에게는 달콤하겠지만, 저에겐 씁쓸한 게 사랑이거든요. 그리고 교수님께서 미네소타에 가셨어도 교원대 교수님이 되셨을 거란 생각이 듭니다. 하하

(정말 미네소타 대학을 갔더라도 다를 바 없었을까요…. 부질 없는 생각이겠죠…. 그냥 저 혼잣말이에요….)

# 8
장

# 이삭줍기

언어에 대한 정의는 다양할 수 있다. 의사소통의 수단이라는 정의가 아마도 꽤 윗자리를 차지하게 될 것이나, 그것이 언어를 정의하는 가장 좋은 방법이라고는 말할 수가 없다. 이 책에서 지금껏 이미 살펴보았듯, 언어는 화자의 정체성의 표현 수단이며 인간이 세상을 이해하는 방식이다. 비트겐슈타인, 롤랑 바르트 등의 철학자들이 지적하였듯, 언어는 또한 권력이자 통제의 수단이다. 한 국가가 다른 국가를 식민지배하면서 가장 먼저 행하는 일 중의 하나가 언어에 대한 통제이고, 우리는 일제 식민지를 겪으며 이를 똑똑히 목도하였다. 그보다 더 과거 시점으로 거슬러 올라가 보면 한글 창제 과정에서 지배계급인 양반들의 저항이 거셌다는 점 역시 잘 알려진 사실이다. 한자가 그들의 권력 유지의 수단이었기 때문이었다. 언어를 통해 권력을 행사하고 대중을 통제하고자 하는 행위는 은밀하여 깨닫기 어려울 뿐 우리 주변에서 지금도 흔하게 벌어지고 있는 일이다. 한편, 오늘날의 대한민국 사회를 살아가는 데 있어 모국어만큼이나 중요한 것이 또한 영어이다. 사람들은 영어가 권력을 쟁취하고 유지하는 주요 수단임을 본능적으로 알고 아주 이른 시기부터 또 아주 오랜 시간에 걸쳐 영어를 공부하는 일에 아프도록 매달린다.

# 모든 이가 루시와 도리라면

2004년 개봉한 애덤 샌들러와 드루 배리모어 주연의 *첫 키스만 50 번째(50 First Dates)*는 내가 매우 좋아하는 영화이다. 나에겐 꽤나 친숙한 하와이가 배경인 것이 하나의 이유이고, 내가 좋아하는 드루 배리모어를 원 없이 볼 수 있다는 것이 또 다른 이유이다. 장르 자체가 내가 즐겨 찾는 로맨스 코미디라는 점도 빼먹을 수는 없겠다.

드루 배리모어가 역할을 맡은 여주인공 "루시"는 단기 기억상실증에 걸렸다. 아침이면 그 전날의 기억이 온데간데없이 사라져 버린다. 애덤 샌들러가 연기한 "헨리"는 "루시"의 사랑을 얻기 위해 날마다 새로운 마음으로 지극 정성을 기울여야 했다.

사실 내가 가장 좋아하는 장르는 애니메이션이다. 특히 픽사의 영화를 좋아하고, 어떤 것들은

못해도 다섯 차례 이상 반복해서 보기도 했다(엄청난 영화광이 아니다보니 나에게는 결코 흔한 일이 아니다). 니모를 찾아서(2003)와 그 후속편인 도리를 찾아서(2016)도 내 기준에선 대단한 수작이다. 니모를 찾아서에서 조연을 맡았던 "도리"가 후속작인 도리를 찾아서에서는 주연으로 격상되어 등장하는 것도 흥미로운 구성이다. "도리"는 단기 기억상실증을 앓는 물고기이다. "루시"에 비해 증세가 훨씬 더 심각하여, "도리"는 자신이 방금 한 말조차 돌아서면 곧바로 모조리 잊어버린다. 그리하여 "도리"는 같은 말을 무한 반복해야 하는 숙명에 놓여 있다. 그와 같은 사실을 인지하고 있는 "도리" 본인은 물론이요, 그의 반복되는 말을 들어줘야 하는 주변의 물고기들에게도 여간 곤혹스러운 상황이 아닐 수 없다.

"루시" 혹은 "도리"와 대화를 하는 과정에서 우리가 겪게 되는 어려움은 대화의 배경이 되는 모든 것을 "루시"와 "도리"에게 일일이 설명해야 한다는 점이다. 당신과 대화를 나누는 나의 정체가 무엇이고, 현재의 대화 맥락이 어떠한지 등.

일반의 의사소통의 핵심 특징들 중 간과하기 쉬운 것이 대화의 배경이 되는 정보들에 대해 대화 참여자들이 구태여 설명을 주고받지 않아도 된다는 사실이다. 굳이 설명하지 않아도(보다 정확히는, 설명하지 않아도 다행스러운 것이) 대화 상대방은 내가 누구인지, 내가 지금 왜 이와 같은 말을 하고 있는지 등을 자연스레 이해한다. 설명이 불필요한 내용들이 대화 맥락에서 "함축" 혹은 "전제"가 되고 있기 때문이다. 예를 들어, 나의 표정과 몸짓 혹은 상황 맥락 자체는 나의 말보다 더 많은 내용들을 함축하기 마련이고, 오늘 새롭게 대화를 시작해도 어제까지 나눴던 대화의 내용이 전제가 되어 상호 간 공유하는 배경지식으로 작동한다.

함축과 전제 없이 의사소통을 해야 한다면 세상은 가히 카오스 그 자체가 되고 말 것이다. 나는 물론이요, 내가 만나는 모든 사람이 "루시" 혹은 "도리"라고 생각해보면 그 상황이 얼마나 혼돈스럽게 전개될 것인지 안 봐도 비디오 아니겠는가!

가까운 사이일수록 여지껏 대화했던 내용이 전제가 되어 더욱 효율적으로 대화할 수 있고 깊게 공감할 수 있는 것 같아요. 그럴 때 보통 친밀감을 느껴요. 반대로, 어떤 일상을 누군가와 나누고 싶은 날, 이미 공유하고 있는 맥락이 없다면 처음부터 설명하기 번거로워서 그냥 접어버리는 경우도 많은 것 같아요.

그러게요. 우리가 흔히 하는 경험을 잘 말씀해 주셨네요. 오랜만에 만나면 서로 못다한 이야기가 쌓여 주고 받을 말이 많을 것 같지만, 도리어 무슨 말을 정작 해야 할지 겸연쩍은 순간을 종종 만나게 되는 것 같습니다. 소중한 사람일수록 더 많이 소통하고 공유하고자 노력해야 하겠습니다.

기억상실증에 관한 영화를 언어학적으로 풀이해주시니 기억이 의사소통을 지배하는 중요한 기제임을 알겠습니다. 언어 사용이란 단지 지금 여기서 두 사람이 말소리를 주고 받는 것이 아니라, 의미가 있는 언어를 사용하여 어떤 목적을 이루고자 하는 것이고 우리는 언어를 통해 어떤 관계를 맺어나가는 것이네요. 기억을 하지 못한다면 세상에 대해, 상대에 대해 아는 바 없이 영원히 타인에 머무를 것 같습니다.

# 나는 당신의 진정한 해방을 바래요!

**46**

2011년 8월 31일은 우리 민족에게 역사적인 날이다. 이 나라의 몽매한 백성들이 자장면의 고통에서 벗어나 비로소 그 좋아하는 짜장면을 마음껏 즐길 수 있게 된 날이 바로 2011년 8월 31일이다.*

나는 지금껏 꺼내놓지 못하고 속앓이를 해왔던 이야기를 한번 해보려 한다. 학식 높으신 국어학자님들께서 보신다면 역정을 내실 법도 한 이야기다. 우리 사회의 일반인들도 이 문제에 대해 워낙 민감하다 보니 꽤 많은 이들에게 불쾌감을 불러일으키게 될지도 모르겠다.

MBC의 장수 프로그램 중에 "우리말 나들이"라는 것이 있다. 해당 프로그램은 1997년 시작되어 20년이 넘는 세월을 이어왔고, 지금도 거의 매일, 그것도 하루에 두 번씩이나 방송이 되고 있다. 실로 대단한 이 프로그램에 대해 대부분의 사람들이 이미 알고 있지 않을까 싶다. 그래도 혹시나 그 정체에 대해 모르는 이가 있다면, 그를 위해 "우리말

---

2011.08.31, 연합뉴스: "짜장면", 표준어 됐다, https://www.yna.co.kr/view/AKR20110831080900005

46    나는 당신의 진정한 해방을 바래요!    **243**

좋은말", "우리말 고운말", "바른 말 고운 말", "우리말 산책", "우리말 겨루기" 등의 아류작(?)들을 나열하면 이해에 도움이 될 것 같다.[*]

열거한 프로그램들은 자국민들을 무지몽매한 존재로 규정하고 특히 맞춤법이나 띄어쓰기와 관련하여 그들의 교화에 팔을 걷어붙이고 나서는 모양새다. 나의 지식과 경험이 부족해서가 그 원인이겠으나, 공산국가 몇을 제외하고는 언어에 대하여 국민들의 계몽에 이와 같이 열을 올리는 국가를 나는 이 나라 대한민국 말고는 알지 못한다. 언어의 통제라는 사명감에 우리 사회가 얼마나 강박 관념에 시달리고 있는지를 잘 보여주는 사례가 많다.

두어 가지만 이야기해보자.

나의 어린 시절에는 TV 방송에 나오는 자막이라는 것이 특별한 것이었다. 그런데 어느 순간 거의 모든 TV 프로그램에 자막이 필수적인 것 마냥 퍼져나갔다.

자막과 관련하여 한동안 우스꽝스러운 장면이 내 시선을 계속해서 이끌었던 적이 있다. 출연자가 "너무 좋아요!"라고 하는 말에 대해 자막은 "너무 좋아요!"가 아니라 "정말 좋아요!"로 둔갑술을 부리곤 했다. 안 봐도 뻔한 비디오인 것이, "너무"는 부정적인 표현과 어울려야 하고 "정말"은 긍정적인 표현과 어울려야 한다는, 그래야 마음이 편하시겠다는 어느 분들의 의사 표현이 아니겠는가. 그런데 말이다, 관심

---

* "우리말 고운말"과 "바른 말 고운 말"은 프로그램의 공식 명칭인데, 그 띄어쓰기 방식이 서로 다르다. 아니나 다를까 국립국어원의 훌륭하신 선생님들께서 친절히 설명을 해주셨다. (참고: https://www.korean.go.kr/front/mcfaq/mcfaqView.do?&mn_id=62&mcfaq_seq=4383)
결론은 "바른 말 고운 말"처럼 띄어쓰기를 하는 것이 원칙이라고 한다. 음, 그렇다면 TBS의 "우리말 고운말"은 프로그램의 제목부터가 엉터리인 셈이라는 말 아닌가!

을 가지고 TV에 나오는 사람들의 말을 자세히 관찰해보면 "정말 좋아요!"라고 말하는 사람 자체가 거의 없다. 다들 "너무 좋아요!"라고 한결같이 외치는 상황에서 자막의 둔갑술은 공허할 뿐이다.

내가 중고등학교 시절이었을 것이다. 국어 선생님께서 이건 꼭 시험에 나온다며 외우라 강조하셨던 말이 있는데, 그것이 "시나브로"이다. 그 말씀 그대로 교내외 여러 시험에서 "시나브로"는 계속해서 반복적으로 출제가 되었다. "시나브로"가 옛 정취 넘치는 아름다운 우리말이니 그 사용을 널리 권장하자는 취지가 아니었을까 추측해 볼 뿐, 애초 무슨 바람이 불어서 그 난리였던 것인지 기억이 없다. 그 바람이 얼마나 거셌던지 심지어는 "시나브로"라는 이름의 담배까지 출시되었던 적도 있었다.

그런데 흥미로운 점으로, "시나브로"에 대해 그렇게나 귀 따갑게 들었음에도 난 지금껏 단 한 번도 일상의 언어생활에서 "시나브로"라는 말을 써본 적이 없다. 그리고 주변에서 "시나브로"라는 말을 쓰는 사람을 직접 만나본 적도 없다. 또한 솔직하게 고백하자면, 이 글을 쓰기 위해 나는 "시나브로"가 맞는지 "시나브르"가 맞는지 국어사전을 검색해 보아야 했다.

아나운서는 뉴스를 보도하고 프로그램의 사회를 보는 역할을 하는 사람으로 아는데, 우리나라의 아나운서는 조금은 더 특별한 자격 내지는 임무를 부여받은 사람들 같다. 바로 몽매한 대중을 가르치는 일 말이다. 앞서 언급한 TV 프로그램은 저리가라 할 정도로, 라디오를 듣다 보면 프로그램과 프로그램을 잇는 자투리 시간에 어김없이 아나운서들이 등장한다. 그리고 열심히 나를 가르친다.

"여러분 지금까지 "2주 후"를 뭐라고 하셨나요? 혹시 "다다음주"라고 하셨나요? 그렇다면 여러분은 잘못된 표현을 써오신 겁니다. 지금부터는 "땡땡땡"이라고 말하세요. 아시겠죠?"*

그렇게나 짧은 시간 동안 부족한 나의 국어 실력에 대해 충분히 타박하고 그 귀한 가르침을 남기며 그들은 사라진다.

적어도 언어에 대해서만큼은 이 지긋지긋한 국가주의적 사고에서 이젠 좀 벗어나야 할 때가 아닌가 싶다. 언어란 가르치는 대상이 아니기 때문이다. 언어에 대해 간섭하고 이리 가라 저리 가라 길을 내어 안내한다고 해도 언어가 그 길 그대로를 따를 일이 없기 때문이다. 언어는 살아 있는 유기체이다.

공식적인 표준어 정책을 가지고 있는 국가가 사실상 많지 않다. 대한민국은 그 많지 않은 국가 중의 하나이다. 더 중요한 사실로, 표준어 정책이 있고 없고 간에 우리 대한민국과 같이 온 국민을 교화의 대상으로 보는 사회는 적어도 내가 아는 범위에서 거의 없다. 워낙 통제가 깊숙이 이뤄지다 보니 국민들은 스스로에게 통제가 가해지고 있다는 사실 그 자체조차 자각하기가 쉽지 않다. 잘 길들여진 결과, 자연스럽게 서로에게 돌팔매질을 한다. 누구 맞춤법이 어쩌고 저쩌고, 저쩌고 어쩌고…. 지하에서 세종대왕이 통곡하시겠다고도 한다.

---

* "땡땡땡" 자리에는 무슨 말이 들어가야 할까? 정답은 "담담주"란다. 이렇게나 생소한 말을 나이 오십이 다 되어서야 배웠다.

그런데 우리 위대하신 세종대왕님께서 백성들을 얼마나 사랑하셨는지 잘 알지 않는가. 맞춤법, 띄어쓰기 그까짓 거 좀 틀려도 세종대왕님께서 그닥 노여워하실 것 같지는 않다.

소심한 나는 오늘도 나름의 저항의식으로 무장한 채 혼잣말로 외쳐본다.

"여러분 모두 국가주의적 사고에서 해방되시길 바래요! 꼭 바래요!"

"다다음주"가 "담담주"라니요. 난생 처음 알게 된 우리말입니다. 지금까지 대다수의 국민들이 잘못된 표현을 쓰고 있었다는 건데, 언어가 공동의 합의를 통해 의미를 갖는 것이라면…. 이 정도면 표준어가 바뀌어야 맞는 상황 아닌가 합니다.

모국어에 대해 이래라저래라 가르치니 기분이 상합니다. 그런데 왜 이럴까 생각을 해보니 일제 시대 조선어 말살 정책 등 우리말이 핍박 받은 경험 때문은 아닐까 싶습니다. "말에는 겨레의 얼이 담긴다"는 말처럼 한국인에게는 한국어를 지키는 것이 애국심의 표현인 것 같습니다. 약소국의 역사에서 한국어와 한글은 특별한 자부심을 주는 국민 통합을 위한 장치가 되었던 것 같습니다.

한편, 사람들이 그런다고 말을 잘 듣지는 않는 것 같아요. 한쪽에서는 국어 순화를 위한 계몽 운동을 하고, 또 사람들은 쓰고 싶은 대로 쓰고, 그렇게 엇박자를 내며 가는 것도 재미있는 조화처럼 느껴집니다.

# The king was want new crown

**47**

가장 가까운 한 친구의 부인이 검사이다. 딸 아이 셋을 키우며 하는 직장 생활이 결코 호락호락하지는 않았을 터. 그러던 중 해외연수의 기회가 찾아왔다. 친구는 직장 문제가 있으니 이곳에 남았고, 제수씨만 아이 셋과 함께 미국의 뉴저지로 떠났다. 하필 그때 코로나 사태가 터졌다.

가끔 친구를 만나면 딸 가진 여느 아빠들처럼 아이들 자랑이 은근했다. 대놓고 떠벌리는 자랑은 아니라서 듣기에도 부담스럽지 않았고, 몇 마디 하다 다른 화제로 대화를 옮겨가는 모습을 보자면 아빠로서 아이들이 얼마나 보고 싶을까 짠한 마음도 들었다. 자유롭게 왕래조차 못하고 있던 상황이 아니던가.

친구가 내게 동영상 하나를 내보였다. 5분 정도 되는 짧은 영상 속에는 그의 막내딸이 화상으로 선생님과 읽기 수업을 진행하고 있었다. 학교도 제대로 갈 수 없는 상황에서 막내딸의 서툰 영어가 걱정이 된 나머지 과외 선생을 붙였다고 했다. 영상 속의 아이는 떠듬떠듬 동화책을 읽었다. 책을 다 읽고 나니 선생님이 책의 내용에 대해 몇 가지 질문을 던졌는데, 그에 대한 아이의 대답은 충분히 훌륭한 것이었다. 아이는 초등학교 1학년, 우리 나이로 8살이다.

*선생님*: *What was the book about? What do you remember from the book?*
*아이*: *The king was want new crown.*
*(선생님의 칭찬하는 말이 잠시 이어졌다.)*
*선생님*: *Why did the king want a new crown?*
*아이*: *Because king was don't like a old crown and he want change.*

아이는 선생님의 질문에 대해 되묻는 경우가 없이 곧잘 이해했고, 말은 다소 느렸지만 발음이 또렷하고 좋았다. 아마도 친구는 원어민 교사와 원활하게 의사소통하는 딸아이의 모습을 영어교육을 전공하는 나에게 은근히 자랑을 하고 싶었던 모양이다. 물론 내가 보기에도 아이의 영어 실력은 대견한 수준이었다.

친구에게 곧바로 동영상을 내게 전송해 달라 청했다. 그런데 사실 그러한 나의 요청에는 조금 다른 뜻이 있었다.

짧은 영상 속에서 아이는 책을 주로 읽고 있었기에 앞의 것을 다시 옮겨온 다음의 두 경우를 제외하고는 의미 있는 자유 발화의 사례가 그다지 많지는 않았다.

The king was want new crown.
Because king was don't like a old crown and he want change.

그런데 이와 같은 아이의 발화는 속으로 유레카를 외칠 만큼 내게 여러 면에서 매력이 넘치는 것이었다.

아이가 생산한 두 발화의 중요한 공통점은 was의 사용에 있다. be 동사의 과거형을 성과 수에 맞춰 정확하게 쓰고 있다는 점이 우선 대단한 것임에 틀림없으면서도, 성인의 문법에 비추어 엄정하게 보자면 was는 그저 잉여 요소에 지나지 않는다. 일반동사가 이어져 오고 있는 상황에서 도대체 was는 어디에서 유래한 것인가.

제2언어 습득(second language acquisition) 분야에서 공부하는 사람이라면 Richard Schmidt 교수를 모를 수가 없다. Schmidt 교수가 학계에 큰 영향을 미치기 시작한 것은 그의 1983년 논문을 통해서였다. 해당 논문의 대강의 내용은 다음과 같았다.

Wes라는 가명의 일본인 화가는 33세의 나이에 꿈을 좇아 하와이로 건너갔다. 하와이대학의 교수였던 Schmidt 교수가 Wes를 만나게 되었고 5년이라는 긴 시간 동안 그의 언어 발달 과정에 대해 관찰하였다. 그 중 3년 동안의 변화에 대해 질적 방법론을 적용하여 추적한 내용을 담은 것이 1983년의 논문이었다.

대단히 외향적인 성격의 Wes는 원어민들과의 사교 모임을 즐겼다. 원어민들과의 자연스러운 상호작용, 그것이 일본에서도 미국에서도 학교 영어 교육을 전혀 받은 바 없었던 Wes가 영어를 배우는 방식이었다. 그 성과는 적지 않은 것이어서, 3년 동안 Wes는 여러 측면에서 긍정적인 변화를 보였다.

Wes의 발화 중 특히 내게 흥미로웠던 부분이 바로 잉여적 be 동사의 삽입이었다. 논문에 소개된 여러 사례 중 일부만을 옮겨 오면 다음과 같다.

*I'm cry*

*I'm always listen*

*Tomorrow I'm finish*

*Before I'm finish*

*You are sounds tired*

*He's come to my apartment*


　이렇듯 논문에서 읽었던 잉여 요소 be 동사의 삽입을 친구 딸아이가 영어로 말하는 장면을 통해 직접 목격할 수 있었으니 그 얼마나 짜릿한 순간이었겠는가!

　언어에 관심을 가지고 살다보니 비슷한 이유로 경이로움을 느끼는 순간들을 만나곤 한다. 한참 말을 배우던 시기에 아이가 했던 말도 내 귀를 번쩍 뜨이게 했다.


　*"창문가 열렸어."*


　성인의 문법에 견주어 보자면 오류에 지나지 않겠으나, 조격조사 "가"는 자음과 모음의 조합으로 이루어진 이유로 "이"에 비해 음성적으로 보다 도드라지는 소리가 아니겠는가. 그렇다면 습득의 관점에서 보았을 때 지극히 당연한 발달상의 과정이라 설명할 수 있을 것이고!

　미국 애리조나에 보름 정도 머무는 일이 있었다. 하루는 버스를 타고 시내로 향하던 중, 현지인들의 말이 귀에 들어오면서 난 부랴부랴 녹음기를 꺼내들 수밖에 없었다. 바로 얼마 전 전공서적에서 읽었던 내용으로, "running"을 "러닝"이 아닌 "러닌"과 같이 발음하는 사람들을 바로 같은 공간에서 만나게 된 것이 아니겠는가! 전율이 느껴지는 순간이었다.

잉여적 요소인 be 동사의 삽입은 Wes뿐만 아니라 우리나라 영어 학습자들에게서도 흔하게 나타나는 현상이다. 이와 관련하여 한국어와 일본어가 공통적으로 주제 중심 언어(topic prominent languages)로서의 특징을 가지고 있어 영어의 주어 중심성과 대조를 이루게 됨에 주목할 수 있다. 그래서 예를 들자면 한국어의 "은"과 "는"은 주제, 즉 대화 맥락에서의 화제를 드러내는 장치로서 기능하여, "밥은 먹고 다니냐?"라는 말이 가지는 미묘한 뜻을 한국 사람이라면 잘 안다. 한국인 영어 학습자와 Wes와 같은 일본인 영어 학습자에게서 공통적으로 나타나는 현상이라는 점을 들어 잉여적 be 동사의 삽입을 한국어와 일본어의 주제 표지어가 영어를 사용하는 장면에까지 전이된 것이라는 설명이 시도되곤 한다.

상당히 그럴듯한 설명이다 싶겠지만, 실제로는 영어와 같은 주어 중심 언어를 모국어로 사용하는 영어 학습자의 경우에서도 be 동사가 잉여적 요소로 나타나곤 하니 모국어로부터의 전이라는 설명에 어쩔 수 없는 한계가 느껴진다. 세상만사가 모두 그렇겠지만, 언어 현상 하나를 설명하는 일도 참 쉽지가 않다.

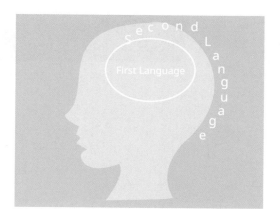

요즘 제 아이들이 말을 배우는 과정을 보며 정말 경이롭습니다. 가만히 들여다 보면 "다 먹어(다 먹었어요)", "꼭 안아(꼭 안아주세요)" 와 같이 오류가 많은 상태지만, 어느새인가 오류는 사라지고 완벽하게 모국어를 습득하는 날이 올 거라는 것을 의심치 않아요. 외국어를 어린아이들처럼 아무런 부끄러움도 부담도 없이 습득할 수 있다면 얼마나 좋을까 새삼스레 생각해 봅니다.

학교에서 학생들의 작문을 읽다보면 교수님이 목격하신 예시와 같이 be 동사가 잉여적으로 쓰인 경우가 꽤 보입니다. 제가 파악하기로는 그런 오류를 보이는 학생들은 be동사를 한국어의 조사 정도로 생각하여 일관되게 쓰고 있더라고요. 주어 다음에 곧장 동사를 이어 쓰는 것이 미심쩍어 be 동사를 마치 쿠션처럼 넣어 쓰고 있는 것이었습니다.

"쿠션"이라. 표현이 좋습니다.

맞는 말씀인 것 같습니다. 실제 동영상에서 아이가 발화하는 모습을 보면 The king was / want new crown과 같이 was를 앞의 The king에 바로 덧붙여 끊어읽기가 이뤄지는 것을 확인할 수 있습니다. 뒤에 이어질 말을 준비하는 과정에서 완충제 역할을 하는 것으로 볼 수도 있겠더라고요. 좋은 의견 늘 감사합니다.

# 영어병(英語炳)

인구가 2,500만 명쯤 되는 나라인 호주는 그 자체가 거대한 대륙이다. 내가 만난 여행 가이드는 시드니에서 한국행 비행기를 타고 4시간을 날아가도 여전히 호주 영토를 벗어날 수 없다는 말을 세 번이나 반복하여 강조했는데, 그렇게 여러 번을 들어서였는지 지금도 그 말이 기억에 또렷하게 남았다. 땅덩어리가 넓어서인지 호주에서 사용되는 언어는 무려 250개가 넘는다. 그 중의 하나가 왈비리어(Walbiri)인데, 이는 호주 북중부에 살고 있는 대략 5,000명 정도의 원주민들이 사용하고 있는 언어이다.

왈비리어에서는 다음의 다섯 개 문장 모두가 동일한 의미를 전달한다. 그 뜻은 "The two dogs now see several kangaroos(그 두 마리의 강아지가 지금 여러 마리의 캥거루를 보고 있다)"이다.

*Dogs two now see kangaroos several.*
*See now dogs two kangaroos several.*
*See now kangaroos several dogs two.*
*Kangaroos several now dogs two see.*
*Kangaroos several now see dogs two.*

이러한 사실을 설명하면 학생들은 대부분 혼란스럽다고 반응한다. 영어에서는 "The two dogs now see several kangaroos."와 같이 깔끔하게 말하는 것을 저렇게 다양하게 표현할 수 있다니 그 사실이 신기하다고 말한다. 도대체 어떻게 의사소통이 가능한 것이냐며 되묻기도 한다. 호주의 "원주민"들이 사용하는 언어라고 덧붙이면 혼란스러움의 원인을 해당 원주민의 미개함(?)에서 찾으려 하는 학생들도 등장한다.

"그 두 마리의 강아지가 지금 여러 마리의 캥거루를 보고 있다."는 우리말은 어떠한가? 우리가 말을 하는 방식에 대해서도 생각해 볼 필요가 있지 않을까?

*강아지 두 마리가 지금 보고 있다 캥거루 여러 마리를.*
*보고 있다 지금 강아지 두 마리가 캥거루 여러 마리를.*
*보고 있다 지금 캥거루 여러 마리를 강아지 두 마리가.*
*캥거루 여러 마리를 지금 강아지 두 마리가 보고 있다.*
*캥거루 여러 마리를 지금 보고 있다 강아지 두 마리가.*

어떠한가?

제시한 다섯 문장 모두 우리말에서 완벽하게 의미가 통하지 않는가? 그런데 우리말의 다섯 문장은 앞서 제시한 왈비리어에서의 다섯 문장을 우리말로 번역한 것에 지나지 않는다. 결국 왈비리어나 우리말은 어순이 자유로워서 어떤 식으로 단어들을 나열해도 동일한 뜻을 전달할 수 있다는 말이다.

이는 우리말과 왈비리어에서 조사 체계가 특별히 발달한 결과이다. 우리말에서는 "이/가"의 주격 조사, "은/는"의 보조사, "을/를"의 목적격 조사 등이 체계적으로 발달하였고, 덕분에 문장 내에서 주어와 목적어의 위치가 자유롭게 된 것이다. 왈비리어에서도 마찬가지여서 명사에 lu를 붙여 주격에 해당함을 표시한다.

여러분은 혹시 여전히 왈비리어가 영어에 비해 열등한 언어라고 생각하는가? 만일 그렇다면 한국어는 어떠한가? 우리가 사용하는 한국어도 영어에 비해 어순이 저렇게 엉망진창일 수 있으니 미개하다고 말해야 하는 것인가?

우리는 언제부터인가 영어 중심의 사고에 젖어 있다.

한국 사람은 영어를 제대로 배울 수가 없어! 왜냐면 한국어와 영어의 어순이 다르기 때문이지! 영어는 주어-동사-목적어(I love you)의 어순인데, 어찌하여 우리말은 주어-목적어-동사(나는 당신을 사랑해)의 어순이란 말인가. 도대체 주어-목적어-동사 어순이 뭐람!

그런데 여러분, 이것을 아시는가? 이 세상에 존재하는 대략 6,000개쯤의 언어 중에 우리말과 같은 어순을 가진 언어가 무려 절반 이상이라는 사실을.

영어가 정상이고 한국어나 왈비리어는 비정상처럼 보이는 것은 우리가 그만큼 영어 중심의 사고에 빠져 있다는 뜻은 아닐까.

우리 사회에 만연한 영어병(英語病)은 가히 심각한 수준이다. 영어를 모국어로 사용하는 외국인이 멋져 보이고, 영어로 의사 표현할 줄 아는 한국 사람이 똑똑해 보이고, 마치 세상의 중심에 영어가 있는 것처럼 생각되곤 한다.[*]

영어는 우리 사회에서 쉽게 말해 권력이다. 나처럼 삐딱하지 않는 한 누구나 영어 이름 하나쯤은 가지고 있는 세상이다. 개인을 넘어 기관, 단체, 기업이 영어로 이름을 바꿔 다는 일이 부지기수이다(SK가 본래 선경이었고, LG가 럭키금성이었다는 것을 지금의 아이들은 알 턱이 없다). 영

어 한 마디 섞이지 않은 노랫말을 찾기가 모래사장에서 바늘 찾기이며, 새로 지어지는 아파트 이름은 지역명을 제외하고는 우리말이 아예 실종 상태이다.

경기도 성남의 판교 대로변에 있는 주유소의 사진이다. 커피로 디저트를 즐기라는 메시지를 전달하고 싶었던 모양인데, 지나는 사람 디저트까지 신경 쓰는 모양

---

[*] 노홍철씨는 예능 프로그램 무한도전에서 아나운서와 결혼한 유재석씨가 부럽다고 말했던 적이 있다. 자신도 꼭 아나운서와 결혼할 것이라고 말했다. 그 이유에 대해 물으니 노홍철씨가 꼭 짚어 답하길, 아나운서들은 영어를 잘하고, 그래서 그들은 똑똑한 사람들이라고 했다. 일반인들에게 영어 능력은 지적 수준의 가늠자인 것이다.

이 재미있다. 그런데 왜 커피가 디저트인가 하는 점이 의아스럽고, 똑같은 메시지도 영어를 통해 전달함으로써 잔뜩 폼을 잡고 싶었던 모양인데 스펠링이 잘못된 나머지 "사막 시간(desert time)"이 되어 버린 상황이 기괴하다.

세상천지가 앓고 있는 영어병(英語病). 치료제나 백신은 정녕 구할 수 없단 말인가!

우리말이 이렇게 어순이 자유자재인 줄은 생각지 못했네요!
학부 시절 프랑스언어학 수업시간에 "-들"을 예로 들어보자며 교수님께서 하신 말씀이 떠오릅니다.
"자, 여러분, 이제 밥을 드세요." 이 말을 "자들 여러분들 이제들 밥을들 드세요들." 해도 된다고, 우리말은 이렇게 자유자재로 접미사가 붙는다고 하셨습니다. 그 다음은 정확히 기억이 나지 않지만, 그래서 우리말이 풍부하게 만들어진다는 취지의 말씀이셨을 겁니다.

영어가 권력이 아니었으면 좋겠습니다. 그런데 영어뿐 아니라 언어 자체가 힘과 권력이 되는 것이 세상의 민낯이란 생각이 듭니다. 그 뒤에 자본이 있고요. 우리나라에 온 외국인 노동자들도 한국어를 못한다는 이유로 무시를 당하는 일이 다반사인 것 같습니다. 언어로 약한 상대를 지배하려는 의식에 반성이 필요한 것 같습니다.

우리나라에 온 외노자들에 대해서는 생각지 못했네요. 물론 그런 경우도 있겠지만, 또 우리말 조금 하면 잘한다고 신기해 하지 않나요? 미국인이야말로 우리의 영어 능력에 대해 무시하는 경향이 크죠. 그것이 힘의 논리이고.

미국 사람들 한국에 들어와 수 년, 수십 년을 살아도 한국어를 배우지 않고 지내는 경우가 많죠. 우리가 미국에 가서 영어 한 마디 하지 않고 지낸다? 상상할 수 없는 일일 겁니다. 영어가 권력이고, 영어를 구사하는 사람들이 권력을 쥐고 있는 거겠죠. 한국어에는 그만큼의 권력이 사실상 없는 것이고요.

권력의 속성을 보면, 모든 집단이 권력을 동등하게 가진다는 것이 가능하지 않은 일입니다. 권력을 더 가진 집단과 그렇지 못한 집단이 구분되기 마련이죠. 언어 집단과 관련해서 영어와 한국어가 동등한 권력을 가지게 된다는 것은 이상에 지나지 않습니다. 추는 기울기 마련이고, 지금은 영어 쪽으로 추가 일방적으로 기울어진 상황입니다. 분명 쉽게 이길 수는 없겠지만 우리도 힘을 키워보려 노력해야 하겠습니다.

# 나는 꼰대다: 이메일 쓰는 법

**_49_**

"요즘 애들 버릇없다"는 말의 유구한 역사를 여기서 새삼 되짚어 볼 필요는 없을 것이다. 젊은 세대와 기성세대 간의 갈등에 주목하는 말로, 젊은 세대가 진짜 버릇없어서라기보다는 나이 들어가는 기성세대의 보수화에서 그 이유를 찾아야 하는 말로 나는 이해한다. 그런데 그렇게 찰떡같이 이해를 잘하면서도 정작 요즘 사람들은 왜 저렇지 하는 생각을, 고백하건대 나는 가끔 한다. 특히 학생들이 보내온 이메일을 받아볼 때 그렇다.

그곳이 어디이든 새로운 도시에 가게 되면 나에게 방문 1순위는 그 대학을 대표하는 대학교가 된다. 대학의 구석구석을 누비는 것만큼 신나는 일은 많지가 않다. 대학의 여러 공간 중에서도 서점은 단연코 내가 가장 즐겨 찾는 곳이다. 서점은 대학의 중심부에 위치하기 마련이며, 단순히 책만 파는 것이 아니어서 기념품도 잔뜩 구경할 수 있고, 그를 통해 그 대학의 전통, 문화, 상징하는 바 등을 두루 깊이 느껴볼 수 있기 때문이다.

홍콩에는 지금까지 세 번 방문했는데, 맨 처음은 2012년 학술대회 참석을 위해서였다. 바쁜 일정 중에도 숨길 수 없는 욕심에 억지로 시간을 만들어 홍콩대학을 방문하였다. 개교 100주년이 훌쩍 넘는 세계적으로 손꼽히는 명문 대학인 홍콩대학을 방문한다는 것 자체가 얼마나 흥분되는 일이었는지 모른다. 한참을 헤매서 도착한 홍콩대학은 언덕배기에 자리를 잡고 있었으며, 인구밀도가 높은 홍콩답게 키가 제법 큰 건물들이 오밀조밀 모여 있었다.

홍콩대학의 구내서점에 들렀다. 생각보다는 그 규모가 아담했다. 대개 서점에서는 대학의 기념품을 하나쯤 사곤 하는데, 어쩐지 마땅히 손이 가는 무엇이 없었다. 시간에 쫓겨 집어 든 것이 Geoffrey Finch 교수가 쓴 책, *Word of Mouth*. 가벼운 책이어서 귀국행 비행기 안에서 다 읽을 수 있었다.

Finch 교수의 책에서는 한 부분이 기억에 남았다. 사이버 공간 상의 의사소통에 대해 설명하면서, 이메일 메시지를 연구해보면 사람들이 넷 상에서 날이 갈수록 예의가 없어지고 있다(an increase of rudeness on the net)고 그는 언급하고 있었다. 통상적인 호칭(Dear John 혹은 Dear Mabel과 같은)이나 말미의 인사말(Best wishes나 Yours sincerely와 같은)이 생략되곤 하는 것이 그 이유라고 했다.

Finch 교수의 책에서 이메일에 나타나는 무례함에 대한 언급이 내 기억에 남은 것은 나 역시 그에 공감하였던 바가 크기 때문이다. 사실이는 나나 Finch 교수만이 느끼는 무엇은 아니어서, 적어도 내가 교류하고 있는 대학의 교수들은 그 누구도 예외 없이 이 부분에 대해 지적한다. 젊은 사람들 혹은 학생들의 시선에서는 대학의 교수들이 꼰대일 뿐이라 여겨질 법도 할 일이지만, 사실이 그러한 것을 어찌하겠는가. 결국 진짜 꼰대가 되어 가르치지 않으면 안 되는 일이겠구나 싶은 생각을 늘 품고는 있지만, 대놓고 이야기를 꺼낼 기회를 포착하기란 여간 어려운 일이 아니다. 그래서 여기에서나마 이메일 쓰는 법을 정리해볼까 한다. 요즘엔 예의 없는 이메일이 범람하다 보니 사실 조금만 신경을 써도 상대방에게 매우 예의 바른 사람이라는 긍정적인 인상을 줄 수 있을 텐데, 바로 그런 방향의 이메일을 쓰는 방법에 대해서 말이다.

그런데 그 방법이란 것이 참 별 내용이 없다. "기체후 일양 만강하옵신지요?", "옥체 만안하시온지요?" 등 이젠 역사드라마에서조차도 외면 받을 법한 거북스러운 표현을 동원하라는 것도 아니고, 용건부터 다짜고짜 말하지 말고 계절 인사 등으로 완충 장치를 마련하라는 것도 아니고, 본인의 소속과 이름부터 밝히는 것이 옳다는 것도 아니다. 메시지를 담게 되는 본문이야 각자들 알아서 할 일이고, 내가 강조하고 싶은 것은 이메일의 맨 처음과 맨 마지막이다. 처음과 마지막만 신경 쓰면 사실상 반은 먹고 들어간다.

하나, 상대방의 지위에 적절한 호칭으로 시작하자. 상대방이 선생님이면 "선생님," 교수님이면 "교수님," 박사님이면 "박사님,"과 같이 호칭하며 이메일을 시작하면 된다. 손아래 사람이면 그 사람의 이름을 불러주면 된다. "길동,"과 같이. 영어의 "Dear John/Mabel,"과 같은 기능을 하는 부분이다.

둘, 영어로 된 이메일에서 "Yours sincerely,"와 같은 표현으로 글을 마무리하는 것과 마찬가지로 우리말로 된 이메일에서도 마무리를 잘 지어야 한다. 나보다 윗사람이거나 예의를 차려야 하는 경우에는 "홍길동 올림"과 같이 쓰면 되고, 상대방이 나와 엇비슷하거나 동등한 관계에 있는 경우, 혹은 상대방과의 적당한 거리가 필요한, 일례로 비즈니스 상황에서는 "홍길동 드림"과 같이 쓰면 된다. "올림"과 "드림"이 국어사전에서 비슷한 의미를 가지고 있다는 점을 들어 착각한 나머지 윗사람에게 "홍길동 드림"과 같이 쓰거나, "올림" 혹은 "드림" 등의 덧붙이는 말조차 없이 "홍길동"이라고 쓰지 말라. 상대방은 십중팔구 그에 대해 예의 없다고 느낀다. 드러내 놓고 말을 하지 않을 뿐.

여담으로 딱 한 번 드러내 놓고 말을 한 적이 있었다. 박사과정에 있는 제자 하나로부터 이메일을 받았는데, 두 눈을 의심할 수밖에 없었다. 선생님은 지도교수인 나에게 이메일을 보내며 "홍길동 보냄"이라고 마무리를 하고 있었다. 선생님은 누구보다 예의를 잘 알고 상황에 적절하게 행동할 줄 아는 사람이었음에도 불구하고 자칫 오해를 사는 상황에 처할 수도 있겠구나 싶어 염려가 되었다. 가르치지 않으면 안 되는 일이겠구나 하는 생각이 드는 순간이었다.

이메일 쓰는 법에 대해 잠시 이야기를 나누고 선생님을 돌려보낸 후 내가 느꼈던 자괴감은 아무도 헤아리지 못할 것이다. 내가 기어코 꼰 대 짓을 하고 말았구나!

말과 글은 그 사람의 품격이다. 말과 글을 통해 내가 어떤 사람인지 가 드러난다. 말도 아니고 글도 아닌 독특한 장르의 이메일, 그를 통해 서도 우리는 우리가 어떠한 사람인지를 금세 드러내게 된다.

감사합니다. 저도 잘 몰랐던 차이인데요. 잘 알고 적절하게 써야겠습니다. 사소해 보이지만 예의와 관련한 중요한 부분이니까요. 학생들에게도 가르쳐주고 싶네요!

교수님, 영어의 Best wishes, Yours sincerely 같은 표현도 정중함의 정도나 의미가 미묘하게 다를까요? 워낙 다양한 표현들이 쓰이니, 그 차이를 알면 더 적절히 쓸 수 있을 텐데요.

정중함의 차이도 물론 있고요. 그와 관련한 의미상의 차이에 주목하시면 좋을 것 같아요. 예를 들면 Yours sincerely 보다는 Yours faithfully가 좀 더 정중한 표현인데요, 사전상 의미를 풀어봐도 그 차이가 조금 느껴지는 것 같죠. 같은 표현 내에서도 생략을 하느냐 마느냐에 따라서도 달라져요. Yours faithfully가 Faithfully보다 정중하고요, Best wishes가 Best보다 정중하게 쓰이죠. Warmest regards는 친소 관계를 고려하여 가까운 경우에 쓰는데요, 생략하여 Regards만 쓰게 되면 좀 더 덜 정중하면서도 동시에 더 가깝다는 느낌을 주게 되죠. 이 모든 것이 사실 선택의 문제여서 상황 맥락에 적절한 것을 의도적으로 혹은 무의식적으로 선택하여 쓰곤 하더라고요.

오, 저는 Sincerely 보다 Yours sincerely가 더 정중한 줄은 처음 알았습니다. 오히려 Yours 를 붙이면 너무 친밀한 관계가 되는 것 같아 빼곤 했는데, 저만의 착각이었네요!

짧아져서 말이 정중해지는 경우는 아마도 거의 없을 겁니다. 우리가 농담처럼 그러죠. "어, 말이 짧네!" 말이 짧아지면 격식이 떨어지고 상대방과의 거리는 가까워집니다.

# 나오는 글: 내가 생각하는 영어의 의미와 영어 공부법

**50**

개화기 시절, 정확히는 1883년 관립 외국어교육기관이라고 할 수 있는 동문학(同文學)에서 영어를 포함하여 가르치기 시작한 이래 우리는 영어가 부를 축적하거나 계층 간 이동에 있어 중요한 수단임을 몸소 깨달았다. 영어는 아주 오랫동안 대학입시를 위한 주요 교과목 중의 하나로 군림하였고, 공무원 시험, 사법시험, 행정고시, 외무고시, 변리사 시험, 공인회계사 시험 등 대부분의 국가고시에서도 수험생들의 영어 능력에 대한 검증이 여전히 필수적인 요소로 자리를 차지하고 있다. 이미 한참 전인 2009년의 조사이기는 하지만, 초중등 자녀를 둔 학부모들은 국가 예산의 10분의 1에 해당하는 규모의 사교육 지출을 감당하고 있으며, 그 중 영어 관련 사교육이 전체 시장의 1/3을 점하고 있다. 2000년대 들어 가족들을 외국에 보내 영어를 익히게 하는 기러기 아빠들이 대거 등장하여 사회문제화된 바 있으며, /r/의 발음을 잘 구사하라는 뜻으로 혓바닥의 밑부분을 절개하는 설소대절제술이 유행을 타기도 했다. 유아교육 분야에서는 지금껏 조기영어교육이 사실상 금기시되는 주제인데, 냉정히 보자면 조기영어교육 자체가 문제라기 보다는 조기영어교육에 대한 논의 자체가 우리 사회문화에 가져오는 파장이 염려가 되기 때문인 것으로 보인다. 영어교육에 대한 열풍을 누그러뜨리기 위해 정부는 급기야 2018년 수능에서의 영어 영역의 평가 방식을 상대평가에서 절대평가로 바꾸었다. 하지만 이는 눈가리고 아웅일 뿐, 지금의 평가 방식이 본연의 의미의 절대평가일 수가 없다는 사실을 아는 사람은 모두 안다. (절대평가에서는 교육과정을 정상적으로 이수한 학생들이 모두 1등급을 받아야 한다. 하지만 영어 영역에서의 1등급은 여전히 누구에게나 열려 있는 것이 결코 아니며, 출제진들은 얼마든지 1등급의 비율을 조정할 수 있는 능력과 권한을 가지고 있다.) 여전히 학부모들은 영어교육에 대한 투자를 아끼지 않고 있다. 공교육에서는 초등학교 3학년부터 영어를 시작하게 되어 있지만, 거의 대부분의 보육시설에서 유아를 대상으로 영어교육을 시행하고 있음은 결코 움직일 수 없는 사실이다.

언젠가 어느 유치원에서 학부모를 대상으로 강연을 하던 중 유아기에 있는 자녀들이 영어를 배워야 한다면 그 이유가 무엇이라고 생각하는지를 물었던 적이 있었다. 그에 대한 답변으로 대부분의 학부모들이 자녀가 글로벌 사회를 살아가는 데 있어 영어 능력이 중요하기 때문이라고 응답하였다. 한편, 일부의 응답으로 장차 상급학교 진학이나 대학 입시, 혹은 직업을 구하는 데 있어 영어가 중요한 역할을 하기 때문이라고도 하였다. 그런데 후자의 관점에 대해서는 동의가 어렵다. 상급학교 진학, 대학 입시, 구직 등의 장면에서 영어 능력이 중요하게 작용하는 것은 분명한 사실이나, 그렇다고 유아기 시절부터 그를 목표로 하여 영어 공부를 할 필요가 있겠느냐는 것이다. 주지하듯, 영어 원어민들에게조차도 수능 영어의 난이도는 결코 만만한 수준이 아니다. 거꾸로 말하자면 영어를 정작 원활히 구사하지 못하면서도 수능 영어를 척척 풀어내는 아이러니한 사례들 역시 주변에 흔하디흔하다. 요컨대, 언어로서의 영어와 시험의 대상으로서의 영어가 서로 다를 수 있음을 간과해서는 곤란하다. 유아기 시절부터 이른바 "시험용 영어"를 공부한다는 것은 어불성설이다.

그렇다면 무엇을 목표로 영어를 공부를 해야 할 것인가? 결국 "왜" 영어를 공부해야 하느냐는 질문인데, 나는 이 질문이 "무엇을", "어떻게"와 같은 질문에 비해 보다 본질적인 것이라고 생각한다. 그리고 영

어를 "왜" 공부하느냐에 대해서 답하기 위해서는 영어가 우리 사회에서 어떻게 배워지고 있는지를 잘 들여다보아야 할 것이다. 이미 오래전 제안이기는 하지만, 일찍이 Kachru라는 연구자는 동심원 이론을 통해 영어 학습 및 사용 환경을 셋으로 구분하였다. 내부집단(inner circle)은 영어를 모국어로 배워 일상에서 사용하는 화자들을 포함하며, 외부집단(outer circle)은 비록 모국어는 아닐지라도 제2언어로서 영어를 공공의 영역에서 사용하는 화자들을 포함한다. 이에 비해 우리나라는 확장집단(expanding circle)에 속한다고 볼 수 있는데, 이때 핵심은 우리나라 사람들의 경우 영어를 외국어로 배우게 된다는 사실이다. 외국어로서의 영어 학습 환경, 이 지극히 평범한 사실을 사람들은 종종, 아니 거의 대부분 망각하고 있는 듯하다.

영어를 외국어로 배우게 된다는 것은 어떠한 의미일까? 아이가 모국어를 배우는 과정은 놀랍고도 신비로운 것이 아닐 수 없다. 첫째, 아이들 모두가 모국어를 배우게 된다는 점이 그러하다. 돌봐 주는 사람이 주변에 있다면, 그리고 아이에게 특별한 장애가 없다면 예외가 있을 수 없다. 둘째, 그 학습 속도가 가히 놀랍다. 셋째, 학습의 과정에서 아이들마다 비슷한 경로를 거친다는 점도 신비롭다. 한 마디로, 모국어는 특별한 중재 없이 그냥 두어도 보편적인 방식을 통해 비교적 빠른 속도로 배우게 되는 매우 특별한 무엇이다. 그에 비해 외국어로 배우는 영어는 어떠한가? 그냥 두어도 영어를 배울 수 있을 것인가?

우리의 상식에 따르면 외국어인 영어는 그냥 두면 결코 배울 수가 없다. 따라서 영어를 잘 배우기 위해서는 무언가 중재적 노력이 필히 개입되어야 한다. 즉, 가르쳐야 한다는 말이다. 다만 이때 영어를 모국어처럼 배울 수는 없을 것이라는 평범한 사실을 결코 잊어서는 안 된다. 영어를 외국어로 학습하는 우리나라 환경에서는 제아무리 노력해도 원어민의 영어 능력을 갖춘다는 것이 매우 어렵거나 사실상 불가능하다. 예를 들어, 특히 발음의 경우, 생후 8~10개월 사이에 이미 습득을 위한 중요한 시기가 도래하는 것으로 알려져있다. 즉, 원어민처럼 영어 발음을 구사하는 것이 현실적인 목표가 될 수는 없을 것이며, 따라서 제한된 환경 속에서 우리가 과연 잘할 수 있는 것이 무엇인지를 잘 따져봐야 한다. 예를 들면, 문법이나 어휘, 읽기나 화용적 능력 측면에 있어서는 심지어 성인이 된 이후에도 얼마든지 고급 수준의 능력을 갖출 수 있는 것으로 이해된다. 한편, 영어 학습에 있어서의 현실적 목표와 관련하여 중요한 개념이 국제공용어로서의 영어(English as a lingua franca)이다.

2014년 초 언론 보도의 내용으로, 2013년 중국의 경제성장이 두드려졌던 가운데 무역 분야에 있어서는 중국이 미국을 제치고 G1의 지위를 차지하게 될 가능성이 높다고 알려졌다. 뉴스가 보도되었던 날 학교 식당에서 저녁을 먹고 있던 중 수학을 전공하시는 교수님께서 합석을 요청하셨다. 교수님께서는 뉴스를 방금 보시고 온 모양이었다. 이제는 영어의 시대가 가고 중국어의 시대가 오는가 보다며 말씀을 꺼내셨다. 빙그레 웃고 말았지만, 교수님께서는 중요한 포인트를 간과하고 계셨다. 교수님께서는 중국이 새로운 패권국이 되면 중국인이 사용하는 언어인 중국어의 위상이 그만큼 올라가리라 예상하고 계셨다. 그에 따르면 영어는 당시 패권국인 미국의 언어라는 뜻이 된다. 하지만 이는 그릇된 생각으로, 영어는 미국의 언어에 그치지 않는다. 영어는 영어를 모국어로 사용하지 않는 사람들이 문화 간 의사소통의 장면에서 활용하는 국제공용어로서의 위상을 가진다. 그리고 그 위상은 국제 무대에서의 미국의 위상과는 생각보다 크게 관련성이 없다. 쉽게 말해, 미국이 패권국의 지위를 내어준다고 하여도 곧바로 영어의 위상에 변화가 생길 가능성은 지극히 낮다.

국제공용어로서의 영어라는 관점에서 보자면 영어를 사용하는 주인공은 영어를 모국어로 사용하지 않는 사람들이다. 영어 모국어 화자 중심의 사고에서 벗어날 필요가 있다는 말이다. 영어 원어민의 언어 능력이 아니라 문화 간 의사소통의 장면에서 원활히 기능하는 국제공용어 화자의 능력 수준을 교수학습의 목표로 삼을 필요가 있다. 국제 공용어로서의 영어의 관점에서 보자면 의사소통에 크게 지장을 초래하지 않는 발음, 어휘, 문법 요소 등에 대해 관대해져야 옳다. 예를 들자면, 한국어에는 존재하지 않는 관사, 주어-동사 간 수 일치 등의 오류에 대해서도 그것들이 의사소통에 지장을 초래하지 않는 한 굳이 소위 표준 문법을 고집할 필요가 없다는 말이다.

외국어로서 영어를 배우는 학습 환경에서 국제공용어로서의 영어를 익혀 이를 문화 간 의사소통의 장면에서 원활하게 사용하는 화자가 되기 위해서는 어떠한 노력을 기울여야 할까? 그 구체적인 방법론과 관련해서는 개인마다 해법이 다를 수 있다. 모든 사람에게 보편적으로 적용될 수 있는 절대적인 학습 원리를 논한다는 것이 사실상 가능하지가 않다. 영어의 바다에 빠지라는 둥, 영어 공부를 절대 하지 말라는 둥 하는 말들은 학문적 견지에서 보자면 미안하지만 거짓 선동에 불과하다.

어떻게 공부할 것인가와 관련한 답이 어려운 가운데, 내가 제안하고 싶은 바의 핵심은 최적화된 공부의 중요성이다. 학문적으로 풀자면 입력의 최적화(optimalization)가 키워드가 된다. 그냥 두어도 배울 수 있는 환경이 아니기에 적극적인 중재가 필요할 것인데, 아무것이나 닥치는 대로 공부를 하는 것은 결코 효율적인 방식이 될 수가 없다. 영어 원어민 화자들이 즐겨보는 TV 프로그램을 본다고 하여, 그들이 보는 책을 읽는다고 하여 우리가 원어민 화자를 닮게 되는 것은 아니다. 한때 입력의 실제성 혹은 진정성(authenticity)의 가치가 높게 매겨졌던 시절이 있었다. 영어를 잘 배우기 위해서는 실제성 높고 진정성이 있는 자료를 바탕으로 해야 할 것이라는 것이 그 주장의 핵심이었다. 미국에서 공부하던 시절, 한국에서 한 무리의 영어 교사들이 연수를 왔다. 그들과 인연이 되어 현지 여행 가이드 역할을 맡게 되었는데, 도시 소개 자료, 관광지 입장권, 식당 메뉴판 등 닥치는 대로 자료를 챙기는 선생님들의 모습이 인상적이었다. 선생님들은 소위 진정성 있는 자료를 영어 교실로 가져갈 생각에 다들 들떠 있는 모습이었다.

그런데 현지에서 사용하는 생생한 자료가 영어 공부의 왕도가 될 수는 없다. 도리어 우리 아이들의 영어 성취 수준에 비추어 적절하지 못한 경우들이 많고, 잠시 이목을 이끌 수는 있겠으나 그것이 지속된 관심과 흥미 및 학습동기로 이어질 가능성은 그다지 크지 않다. 온라인과 매체의 발달로 외국의 삶이 더 이상 새로운 것이 아니게 된 현실을 고려해 보면 더욱 그러하다. 결국 학습에 큰 도움이 될 것이라 기대하기가 사실상 어렵다.

예를 하나 들어보자. 이미 이 책에서도 언급한 바 있는 *The Great Turnip*이라는 동화책을 우리 아이들에게 읽힌다고 생각해 보자. 우리나라의 거의 모든 아이들은 turnip, 즉 순무를 알 턱이 없다. 그런 상황에서 *The Great Turnip*을 영어 학습을 위해 읽어야 할 이유가 과연 무엇인가? 또 다른 예를 하나 더 들어보자. 역시 잘 알려진 동화책으로 *The Itsy Bitsy Leprechaun*이 있다. 그 내용이 길지 않아 전체 내용을 옮겨오면 다음과 같다.

*The itsy bitsy Leprechaun* (아주 작은 레프리칸)

*was hiding pots of gold.* (금 항아리를 숨기고 있었네)

*Down came a rainbow,* (무지개가 펼쳐졌네)

*colorful and bold* (다채롭게 진한)

*Out came his friends,* (그의 친구들이 나왔네)

*and they all began to look ...* (그리고 그들 모두는 찾기 시작했네)

*for the perfect four-leaf clover* (완벽한 네잎 클로버를)

*hidden in the nook!* (구석에 숨겨진!)


동화책의 주인공으로 등장하는 레프리칸(Leprechaun)은 아일랜드의 상징과도 같은 존재이다. 키가 작은 노인 모습의 요정으로 묘사되는 레프리칸은 황금과 무지개, 그리고 네잎 클로버를 좋아하는 것으로 알려져 있다. 또한 아일랜드의 상징색이라 할 수 있는 녹색의 옷을 입고 있는 것으로 그려진다. 레프리칸과 아일랜드라고 하면 또한 성 패트릭스 데이(St. Patrick's Day)에 대해서도 빼먹지 말고 이야기를 이어가야 한다. 아일랜드의 국경일이자 최대 축제일인 성 패트릭스 데이가 되면 사람들은 녹색 옷과 녹색 모자, 그리고 녹색 리본을 착용한다. 녹색의 레프리칸 복장을 차려 입고 거리를 누비는 사람들도 흔히 볼 수 있다. 이렇듯 우리에게는 친숙하지 않은 아일랜드의 문화가 온전히 녹아 있는 동화가 바로 *The Itsy Bitsy Leprechaun*이다. 해당 동화책이 우리 아이들이 영어를 배우는 데 있어 과연 최적화된 자료라고 말할 수 있을지 의구심을 떨치기가 어렵다.

지면이 아쉬워 더 이상의 예를 들지 않을 뿐, 동화책뿐만 아니라 주변에 흔한 영어 원서, 영어 방송 프로그램들 중에도 외국어로서의 영어 공부에 그다지 도움이 되지 않는 내용들이 생각보다 많다. 그런 것들 보다는 우리 학습 환경에 최적화된 입력 자료를 바탕으로 보다 더 의미 있는 공부를 해나갈 필요가 있다.

또 하나 중요한 사항으로 영어가 모국어가 될 수가 없기에 학습자는 자신에게 필요한 것이 무엇인지를 잘 살펴 그에 맞춰 어쩌면 제한된 영역에서 제한된 목표를 두고 맞춤형 공부를 해야 할 필요가 있다. 수능 영어를 대비하기 위해 미국 드라마, 영국 드라마를 본다는 것은 어리석은 일이다. 영어 교사를 길러내는 입장에서 예를 들어 말하자면, 영어 교사가 되기 위해 준비하는 사람이 오전에 CNN을 보고, 오후에 미드와 영드를 시청하고, 저녁에 *The Economist*를 읽는다면 이는 결코 효율적인 영어 학습 방법이 될 수 없다. 그렇게 공부한다고 원어민 화자의 영어 능력을 가질 수가 없는 것이며, 만의 하나 그것이 가능하다 하여도 엄청난 시간과 노력이 투자되어야 할 일이다. 최적화된 입력을 위해서라면 나에게 필요한 영어가 무엇인지를 잘 파악해야 한다. 영어 교사가 될 사람이라면, 영어 교사로서 기능하는 데 있어 필요한 담화(discourse)가 무엇인지를 먼저 알아야 한다. 그리고 그것은 아마도 영어로 수업을 진행하는 맥락이 될 것이다. 그렇다면 영어로 수업을 진행할 수 있는 능력을 갖추는 것이 일차적인 목표가 되어야 한다. 그리고 그와 같은 제한된 목표 하에 제한된 공부(예를 들면, 교실 영어를 익힌다든가)를 해나가야 옳다. 비유를 하자면, 영어로 진행하는 수업을 위해 필요한 영어 능력을 갖추게 되는 것이 물잔 하나를 채우는 일이라고 하자. 물론 내가 채워야 하는 물잔은 그 외에도 수없이 많을 수 있다. 비즈니스 상황에서 기능할 수 있는 능력도 갖춰야 하고, 외국인 친구와의 수다 삼매경을 위해 필요한 능력도 갖춰야 한다. 그런데 그 많은 물잔을 동시에 채운다는 것은 효율성이 매우 떨어지는 일이다. 하나의 물잔을 목표로 삼아 그것을 채우기 위해 전력을 기울이는 것이 바람직하다. 하나의 물잔이 가득 차면 물은 넘쳐 옆에 있는 잔으로 흘러 들어

간다. 그러한 낙수효과를 노리는 것이 훨씬 효율성 높은 최적화된 영어 학습 방식이다.

영어병(英語炳)을 앓고 있는 많은 사람들에게 영어 공부를 하지 말라고 하는 것은 현실적인 조언이 될 수 없다. 왜냐하면 영어는 국제공용어로서의 지위를 굳건히 점하고 있기에 글로벌 사회를 살아가는 데 있어 영어를 잘 구사할 수 있는 능력이 너무나도 중요하기 때문이다. 따라서 우리는 영어 공부를 위해 노력을 기울여야 한다. 이때 변화하는 세상에 맞춰 현실적인 목표의 설정이 중요할 것이며, 그 목표에 비추어 적절한 맥락에서 최적화된 입력을 바탕으로 보다 더 효율적인 공부를 해나갈 수 있어야 한다. 한편, 구체적인 학습 방식과 관련하여서는 학습자마다 그 해답이 모두 다를 수 있음을 잊지 말아야 한다. 따라서 자신의 인지적, 정의적 특성을 우선 파악해야 할 것이며, 시행착오를 겪는 과정을 회피하지 않고 즐길 수 있어야 한다. 왜 그리고 어떻게 공부할 것인가에 대한 보다 진지한 고민을 앞세움으로써 우리는 비로소 영어병을 효과적으로 극복할 수 있을 것이라고 나는 믿는다.

**저자약력**

**이상기**

서울대학교 영어교육과를 졸업하고 미국 하와이대학교에서 응용언어학으로 박사학위를 취득하였습니다 . 2009 년부터 한국교원대학교 영어교육과에서 교수로 일하며 그동안 다수의 연구논문과 학술서적을 썼습니다 .

# 일상의 언어로 세상을 읽다

초판발행　　　2023년 3월 1일

지은이　　　　이상기
펴낸이　　　　노 현

편 집　　　　김윤정
기획/마케팅　김한유
표지디자인　이소연
제 작　　　　고철민·조영환

펴낸곳　　　　(주) 피와이메이트
　　　　　　　서울특별시 금천구 가산디지털2로 53 한라시그마밸리 210호(가산동)
　　　　　　　등록 2014. 2. 12. 제2018-000080호
전 화　　　　02)733-6771
f a x　　　　02)736-4818
e-mail　　　pys@pybook.co.kr
homepage　www.pybook.co.kr
ISBN　　　　979-11-6519-331-7　03700

정 가　20,000원

박영스토리는 박영사와 함께하는 브랜드입니다.